纺织服装高等教育“十四五”部委级规划教材
“戏剧与育人”艺术教育实验室孵化作品
艺术教育新形态教材

形体训练基础教程

江雯雯 主编

東華大學出版社
·上海·

图书在版编目（C I P）数据

形体训练基础教程 / 江雯雯主编；董天然副主编 .
上海：东华大学出版社，2025. 3. -- ISBN 978-7-5669-
2511-4

Ⅰ. G831.3

中国国家版本馆 CIP 数据核字第 2025T7459B 号

形体训练基础教程
XINGTI XUNLIAN JICHU JIAOCHENG

责 任 编 辑　高路路
封 面 设 计　程远文化

主　　　编　江雯雯
副　主　编　董天然
出 版 发 行　东华大学出版社
（上海市延安西路 1882 号　邮政编码：200051）
联 系 电 话　021-62373924
营 销 中 心　021-62193056　62373056
出版社网址　http://dhupress.dhu.edu.cn/
天猫旗舰店　http://dhdx.tmall.com
印　　　刷　上海盛通时代印刷有限公司
开　　　本　787mm × 1092mm　1/16　印张 16.75　字数　377 千字
版　　　次　2025 年 3 月第 1 版　　印次　2025 年 3 月第 1 次印刷
书　　　号　ISBN 978-7-5669-2511-4
定　　　价　78.00 元

编委会

前 言

Foreword

形体训练不同于专业舞蹈训练，一部分是对于肢体本身的训练，加强肢体的美感，使之更加美观；解放肢体，使之更具能动性；加强软度与爆发力的训练，使之更具可控性；加强动作思维的训练，训练其对动作的记忆力。另一部分更侧重于对于肢体的“戏”的训练，如走路时的不同状态，如何摔倒，如何中枪，如何用芭蕾的基本功塑造特定的戏剧人物，如何理解舞台调度等。总的来说，表演专业的形体训练讲究“内外兼修”，“外”是对于外部的身形的训练，对于肢体控制能力的训练，对于调动肢体能动性的训练，对于肢体动作的审美意识的训练等。“内”是对于传统文化的理解，对于肢体内在美的理解，对于将内心情感准确呈现于肢体的方法训练等。通过具有针对性课程训练，循序渐进地提高这些能力，使表演者能够在舞台上，在镜头里“动”起来，继而帮助演员成功地塑造一个个鲜活的人物形象。

本教材关注授课对象的背景。表演专业的学者大多并非舞蹈专业出身。因此，形体课应既有不脱离舞蹈训练的属性，又能辅助于表演教学，发挥表演专业的优势，达到提高表演者审美意识、加强肢体能动性的目的。

形体训练辅助于表演，对于表演者形体的要求自然没有达到舞蹈专业演员的高度，但更加讲究广度，使他们的肢体能够塑造不同的人物形象，表现不同的服装理念，能够真实自然地表达内心的情感，从而支撑不同的表演、不同的服装、不同的剧本。因此在形体训练时，要让演员们接触不同的舞种，如芭蕾舞、现代舞、流行舞等，并强调舞台技能、古典身韵、历史礼仪等。但观之当下的形体训练，在教学中并不成熟，还未成体系，加上国内并未专门设有针对表演形体教师的专业，如专业舞蹈院校毕业的教师容易忽略表演的部分，太过于强调跳舞，强调基本功、技术训练；而专业表演院校毕业的教师则对舞蹈的认识相对较弱。因此，形体如何结合表演与舞蹈，是一个值得探索的问题。

该领域一直处于不断探索与发展的阶段，本人在教学实践中总结了一些经验，通过对各高校形体教学的考察分析以及访问有关专家，调研表演专业学生的舞蹈背景等方法，尝试融合表演与舞蹈，利用所学的专业知识，在教学中不断研究、筛选、编创，最终整理出既辅助于表演又具备舞蹈专业知识的教学内容。

本书是一部专业形体训练教材，内容针对戏剧影视表演专业、服装表演专业的教学，也供表演爱好者进行学习。在此感谢东华大学李雪涛老师在教材编写中提出的建议，感谢表演 2017 级学生廖海志；2018 级学生王宇、唐铭健、石珂琪、张嘉豪、褚梦娜、张丹婷、李懿琪、郝文钦、冯时雨、华辰鸣、郝钧垚；2019 级学生金欣宜、谭晓钰、付瑞、周展宏；2020 级学生胡赫铭、夏施琳、张楠、陈格格、丁一；2022 级学生朱雯琪、费玉玲、2023 级学生郑祥雨在教材的编撰过程中，给予的大力支持与帮助！

目录

CONTENTS

第一章

形体基本功

基本功训练是形体课程训练的第一步，也是至关重要的一部分，强调训练身体的基本控制能力和肢体柔韧性。训练从身体软开度、肢体塑形出发，运用古典芭蕾中的基础动作进行训练，在训练肢体形态与个人气质的基础上，达到对于身体控制力的增强。

01

第一节　芭蕾的基本定义及训练意义

芭蕾，由法语 ballet 音译而来，属于欧洲古典舞蹈。芭蕾起源于意大利文艺复兴时期，后在法国发展流行，逐渐职业化。之后经历不断发展逐渐成为全球炙手可热的舞蹈门类。著名的芭蕾舞蹈作品有《天鹅湖》《仙女》《胡桃夹子》等，著名芭蕾题材影视作品有《欧荷伊》《中央舞台》《舞出我天地》《黑天鹅》《芳华》《归来》等。

芭蕾舞中形体训练的目的首先是提高气质。芭蕾讲究“开、绷、直”，演员们的肢体状态如仙女一般地向上拔，这样的训练为形体与肌肉的塑形打下了良好的基础，对表演者气质的提高有着不可忽视的重要作用。其次，芭蕾中强调软开度训练与平衡能力的训练，这也是肢体最基础的练习，就像建筑房子，只有基底稳了，才能搭建；只有学会走路了，才能学会跑步。因此，通过软开度的训练能够增加肢体的柔韧性，为今后的动作增加可能性。再者，芭蕾基础训练是所有动作训练的基础与延伸，正确地学习与掌握它的规范性做法，可以为其他动作的学习打下良好的基础，能够锻炼表演者的舞蹈思维。最后，芭蕾基础训练能够将身体与心灵高度地统一在一起，凝练成肢体语言或艺术形象符号，传递和表达人的内心思想和情感信息，对形体塑造强度训练，促进舞蹈动作舒展性、灵活性和协调性发展。因此笔者在训练中，鉴于表演专业学生的身体素质基础以及需求，挑选出适合的舞蹈动作，加以编创，成为基础训练组合。

1. 基本手位

1.1 手型

五指并拢，食指微微翘起，大拇指向内轻靠中指第二节，如含苞待放的郁金香（如图 1-1-1）。

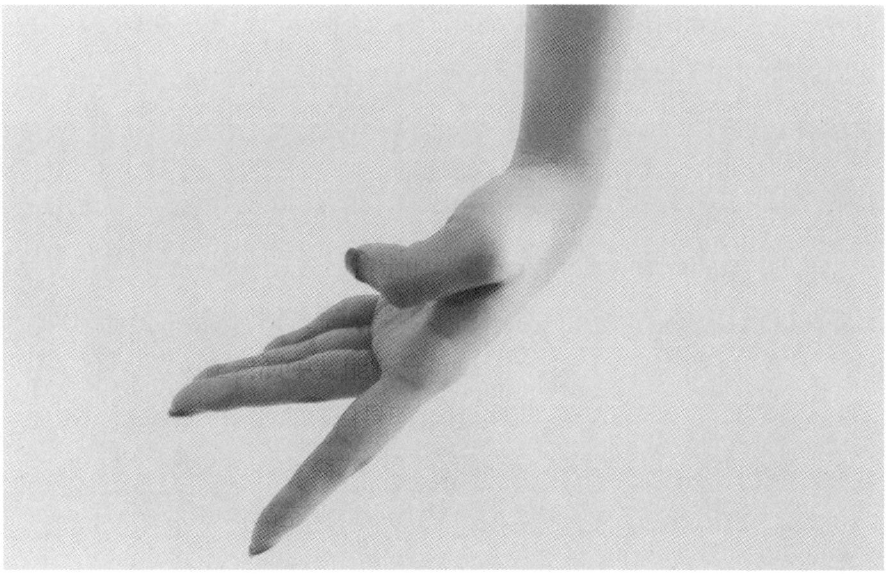

（图 1-1-1）

1.2 手位

一位——双手垂于两胯前十厘米处抱圆，指尖相对，手心向上，手臂微微弯曲，手肘架起（如图 1-1-2）。

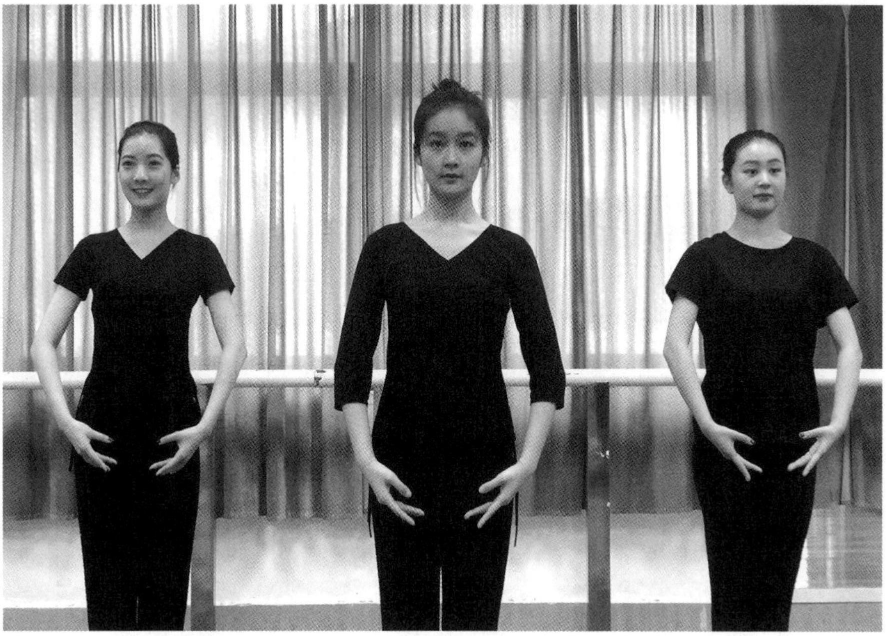

（图 1-1-2）

二位——双手向上抬至胃前，保持弧形，距身体十五厘米左右，指尖相对，掌心朝内，手肘架起（如图 1-1-3）。

（图 1-1-3）

三位——双手向上抬于眉前四十五度斜上方，手臂微屈，指尖相对（如图 1-1-4）。

（图 1-1-4）

四位——左手三位，右手落至二位，眼随手落，头微微向左倾（如图 1-1-5）。

（图 1-1-5）

五位——左手三位，右手打开至七位，眼随右手，头向右转（如图 1-1-6）。

（图 1-1-6）

六位——右手七位不动，左手由三位落至二位，眼随左手，头微微向右倾（如图1-1-7）。

（图 1-1-7）

七位——左手向旁打开，右手不动，双手平行于肋骨，指尖微微下垂，掌心向前，手肘架起，眼随左手，头向左转（如图 1-1-8）。

（图 1-1-8）

这七个手位是芭蕾中最基本的手部动作，贯穿于单手扶把及把下所有组合与舞蹈之中，要求表演者牢牢掌握动作的形态，熟悉动作要领，并多加练习。在这七个基本手位中，一位通常作为组合的开始与结束位。

1.3 手位的延伸（Allongé）

Allongé是由手位变形而来，其臂部形态是在手位的基础上，肘部略微下沉，手背向上翻动，形成一条直线（非绝对直线），手指尖顺着手臂的方向向远方延伸，突出向往之意。

2. 基本脚位

一位——脚跟靠拢，脚尖向旁打开，双脚完全外开成“一”字（如图 1-1-9）。

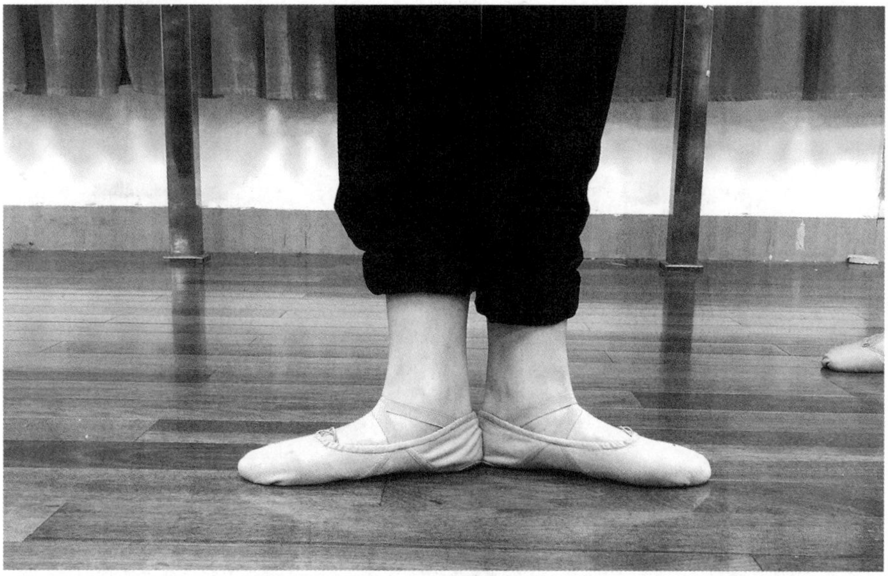

（图 1-1-9）

二位——一位的基础上，两脚外开平行打开，脚跟相对，两脚中间约有一脚的距离，重心于两脚中间（如图 1-1-10）。

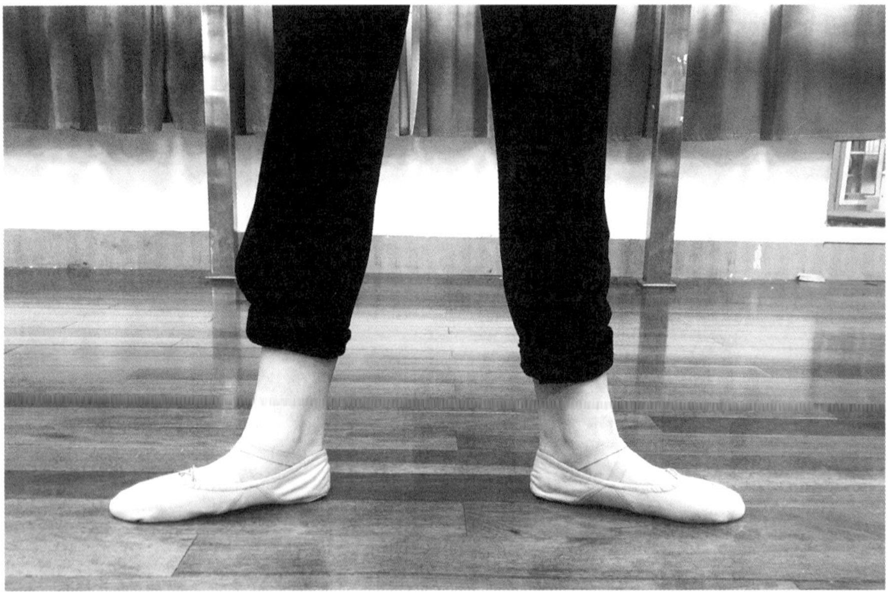

（图 1-1-10）

三位——一只脚的脚后跟贴于另一只脚的脚心，双脚外开，此脚位在芭蕾训练中较少接触。

四位——两脚于前后的位置上，一只脚的脚后跟对齐另一只脚的脚尖，双脚外开，前后距离约一只脚，呈“=”状（如图 1-1-11）。

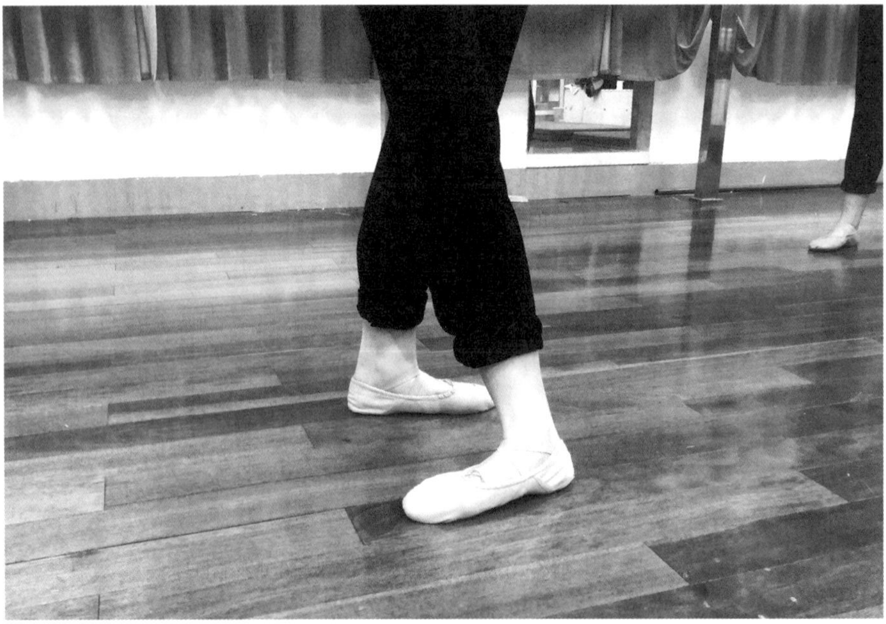

（图 1-1-11）

五位——四位的基础上，前脚向后脚平行靠拢，一只脚的脚后跟对齐另一只脚的脚尖（如图 1-1-12）。

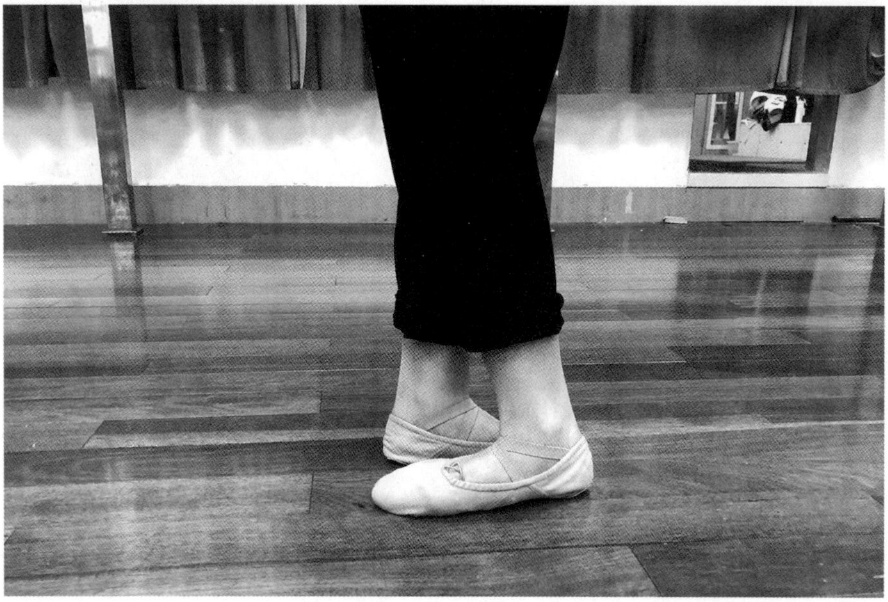

（图 1-1-12）

在这五个基本脚位中，三位脚较少出现，在古典芭蕾课堂训练中绝大部分动作都是以一位或五位作为组合的开始或结束脚位。脚下动作是芭蕾中至关重要的一部分，这几个脚位也贯穿于所有动作之中。因此，在训练中，在站立时要注意腿的外开，保持大腿内侧夹紧，臀部收紧，肌肉“螺旋形”的向上拔，特别是四位脚与五位脚，初学者会有一些别扭，但一定要严格按照规范完成脚下动作，多加练习。

3. 基本方位

舞蹈中的基本方位常分为八个点：

一点——面对正前方（如图 1-1-13）；

（图 1-1-13）

二点——一点方向向右转四十五度（如图 1-1-14）；

（图 1-1-14）

三点——二点方向向右转四十五度，正右方（如图 1-1-15）；

（图 1-1-15）

四点——三点方向向右转四十五度（如图 1-1-16）；

（图 1-1-16）

五点——四点方向向右转四十五度，正后方（如图 1-1-17）；

（图 1-1-17）

六点——五点方向向右转四十五度（如图 1-1-18）；

（图 1-1-18）

七点——六点方向向右转四十五度，正左方（如图 1-1-19）；

（图 1-1-19）

八点——七点方向向右转四十五度（如图 1-1-20）。

（图 1-1-20）

4. 双手扶把姿态

把杆在训练时起到辅助的作用，扶把姿态一般为面朝把杆站立，双手轻轻搭于把上，在保持重心直立且稳定的前提下掌握与把杆之间的距离，上臂自然放松，不要用力夹紧，保持气息通畅稳定，避免握把、抬肘、压把、拉把，在动作时强调重心的控制，强调“扶”（如图 1-1-21）。

（图 1-1-21）

第二节 把上组合训练

1. 活动 Stretch

把上压腿（左腿与右腿动作相同）

前腿：面对把杆，将右腿外开四十五度抬至把上，跟腱处架在把杆上，左手扶把，右手芭蕾三位手（如图 1-2-1），1-4 下压，5-8 起身，持续 8 个 8 拍。8 个 8 拍后不要起身，手抱住腿停止不动 8 个 8 拍（如图 1-2-2），之后换反面。

要求：压腿时主力腿与动力腿都要伸直，动力脚脚背绷脚向外转开，保持胯部与腿方向的一致，胯根断开。在压腿时，后背尽量伸直，以下颚找腿。

（图 1-2-1）

（图 1-2-2）

旁腿：面对把杆，距离把杆二十厘米左右，将右腿右旁抬起架至把上，左脚向左转开，左脚、上身、右脚形成一个平面，右手扶把，左手芭蕾三位手（如图 1-2-3）。1-4 下压，5-8 起身，持续 8 个 8 拍。8 个 8 拍后不要起身，手抱住腿停止不动 8 个 8 拍（如图 1-2-4），之后换反面。

要求：压旁腿时主力腿与动力腿都要伸直，动力脚脚背绷脚向外转开，保持胯部与腿为一个平面。上身微朝腿的反方向转，以后脑勺找腿，注意循序渐进，以免拉伤。

（图 1-2-3）

（图 1-2-4）

后腿：左侧对把杆，将右腿抬起后腿架至把上，双手扶把，后腿转开（如图 1-2-5），1-4 动力腿保持直立，主力腿蹲，同时上身向后下腰，5-8 回准备位，持续 8 个 8 拍。8 个 8 拍后不动，保持动作 2 个 8 拍，之后换反面（如图 1-2-6）。

要求：压后腿时主力腿与动力腿都要伸直，在主力腿动作时动力腿一定保持外开。向下压时双肩保持齐平，注意循序渐进，以免拉伤。

（图 1-2-5）

（图 1-2-6）

2. 蹲 Plié

Plié翻译为“蹲”，分为demi-plié（半蹲）和grand plié（全蹲）两种形式。它作为训练中最基本、最重要的动作，可以提高脚腕、小腿、膝盖关节、大腿肌肉素质和弹性以及控制能力，作为跳跃的准备动作具有非常重要的训练意义。在训练中也通常作为训练开始的第一个动作。

demi-plié是一个连接动作，做法：双腿外开向下半蹲，保持脊柱与脚后跟的基本垂直（如图 1-2-7）。grand plié的做法：先做demi-plié，在demi-plié蹲到最大限度时，脚后跟被动地离开地面，保持脊柱与脚后跟的基本垂直向下蹲（如图 1-2-8）。深蹲时不必蹲到最低点，保持与脚后跟的距离，切勿坐到脚后跟上。起来时脚后跟主动往下踩，先落脚后跟再恢复到demi-plié的位置，然后大腿内侧夹紧，膝盖保持转开，直到完全伸直。在二位grand-plié时脚后跟不离开地面。做这两个动作时膝盖尽量打开对齐脚尖，注意提胯。蹲下去时不做停顿，保持动作连绵不绝。

（图 1-2-7）

（图 1-2-8）

Plié组合

准备拍：1-4 左手扶把，右手一位，脚一位，目视右斜前方；5-6 不动；7-8 右手一位 Allongé。

1×8：1-4 demi-plié，右手一位；5-8 demi-plié，右手经过二位到七位，眼随手动。

2×8：grand Plié，右手从七位到一位再经过二位打开到七位，眼随手动。

3×8：1-4 向前 Port de bras（如图 1-2-9），手经过七位 Allongé到一位手，一位手垂直于地面，手背朝地；5-8 起身，手跟随身体向远延伸，由一位到三位，眼随手动，手到三位时头向右前方转。

4×8：1-4 经过向前的呼吸，向后 Port de bras，头保持在右前方，手保持三位（如图 1-2-10）；5-6 起身，同时手向旁打开至七位；7-8 向旁擦地至二位脚，头保持在右前方。

5×8：1-4 二位 demi-plié，右手经过七位 Allongé 到一位；5-8 二位 demi-plié，右手经过二位到七位，眼随手动。

6×8：二位 grand plié，右手从七位到一位再经过二位打开到七位，眼随手动。

7×8：1-4 向把杆方向，向旁 Port de bras，左手扶把，右手三位，头向左转；5-8 回正，右手跟随身体回到七位，头回正。

8×8：1-4 向外，向旁 Port de bras（如图 1-2-11），右手落至一位，左手到三位，眼随左手；5-6 回正，双手跟随身体回到七位，左手扶把，头回正；7-8 重心移动到左脚，右脚绷脚擦地收至右前五位。

9×8：1-4 五位 demi-plié，右手经过七位 Allongé 到一位；5-8 二位 demi-plié，右手经过二位到七位，眼随手动。

10×8：五位 grand plié，右手从七位到三位再经过一位打开到七位，眼随手动。

11×8：1-4 脚下立五位半脚尖，同时手收回二位，随后上身向前 Port de bras，手由二位向前打开至三位；5-8 手带动身体向外环动一圈，划一个平圆，分别经由右旁—后—左旁—前，眼随手动。

12×8：1-4 起身，同时右手打开至七位；5-6 落半脚尖至五位脚，右脚向旁擦地，同时右手七位 Allongé，眼随手动；7-8 脚收一位，右手收回一位，眼随手动，手回一位后吸气抬头目视右斜前方。

（图 1-2-9）

（图 1-2-10）

（图 1-2-11）

（音乐选自：张康明《SunShine Life，下蹲 1》）

3. 五位擦地 Battement tendu

众所周知，芭蕾是一门“足尖上的艺术”，半脚掌上的站立是芭蕾的典型特征，踝关节能力的训练更加不可忽视。再者，人平时的站立，走路，踝关节也负担着重任。因此，踝关节的灵活性与力量感对芭蕾甚至其他舞蹈都有至关重要的作用。Battement tendu 是芭蕾基训入门最基础的动作之一。它看似简单，做起来却不简单，且有着较强的训练价值，可以加强腿的力度，重心的稳定，尤其为训练脚踝关节的力量打下坚实的基础。擦地对踝关节的训练意义不言而喻，对弹跳落地的控制力及旋转时对于重心直立的把控力也有着重要的训练意义。

擦地一般在一位脚与五位脚上做，方向有向前、向旁、向后。在向前时，右脚内侧发力，由脚跟向前顶出。离地顺序为脚后跟→脚掌，最后达到绷着脚背，脚尖在正前方点地，脚后跟尽量向上顶，脚背转开的动作，注意整个动作过程中不送胯。收回时靠脚尖外开，大腿内侧用力收紧，收回顺序为脚掌→脚后跟，最后收至五位脚（或一位脚）站好（如图 1-2-12）；向旁擦时，右脚用脚背的力量向正旁最远推出，离地顺序为脚后跟→脚掌，最终到大脚趾和二脚趾的尖端点地。注意动力腿的脚与主力腿的脚在一条水平横线上，整个动作过程中不可送胯。收回时大腿内侧用力收紧，收回顺序为脚掌→脚后跟，最后收至五位脚（或一位脚）站好（如图 1-2-13）；向后擦时，右脚由脚尖带动，离地顺序为脚后跟→脚掌，最后到绷着脚背的大脚趾尖内侧点地。注意不要向后出胯。收回时大腿内侧用力收紧，脚后跟向前顶，收回顺序为脚掌→脚后跟，最后收至五位脚（或一位脚）站好（如图 1-2-14）。

在擦地时，保持重心的直立，切忌胯部晃动；两膝伸直，在擦地中没有任何弯腿动作；绷脚背一定是脚背向外推，而不是脚趾向内勾。

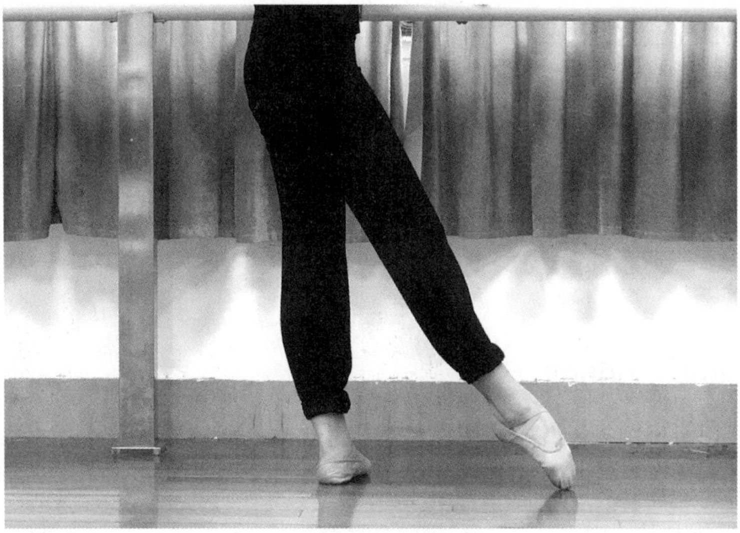

（图 1-2-12）

（图 1-2-13）

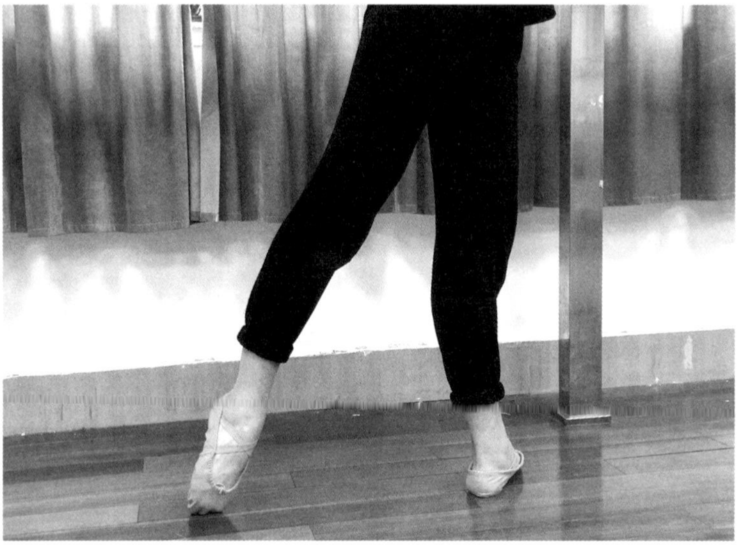

（图 1-2-14）

Battement tendu 组合

准备拍: 1-4 右手一位，脚下右前五位，眼视右肩斜前方; 5-6 右手抬至二位; 7-8 右手打开七位。

1×8：两次右脚向前 Battement tendu，四拍一次，眼视右肩斜前方。

2×8：1-2 向前擦出; 3-4 从前经过旁向后，以左脚为轴心向外绷脚画圈，到后 Battement tendu 点地停住; 5-6 由后向前经过一位到前 Battement tendu，7 加快一倍重复 5-6 的动作; 8 收到右后五位，眼与头位置不变。

3×8：两次向后 Battement tendu，四拍一次，眼视右肩斜前方。

4×8：1-2 向后擦出; 3-4 从后经过旁到前，以左脚为轴心绷脚画圈，到前 Battement tendu 停住; 5-6 由前向后经过一位到后 Battement tendu 点地，7 加快一倍重复此八拍 5-6；8 收到右前五位，眼与头位置不变。

5×8：1 向旁 Battement tendu 出腿; 2 不动; 3 收后五位; 4 不动; 5 向旁 Battement tendu 出腿; 6 不动; 7 收前五位; 8 时向旁擦出，该一个八拍头对正前方。

6×8：1-2 一拍一次的向旁 Battement tendu，做两次，重拍在里，收回时为一位，头对正前方; 3 收后五位; 4 不动; 5-8 重复此八拍的 1-4 拍; 8 时收前五位。

7×8：重复 5×8 的动作。

8×8：1-4 重复 6×8 的 1-3，收后五位; 4 向旁 Battement tendu 出腿; 5-6 压脚跟，右脚后跟迅速着地后抬起; 7-8 收前五位，半脚尖立起，同时向把杆内侧转身一百八十度，左手松把打开二位手，换右手扶把，之后落半脚尖，回到左脚在前的五位脚，头对正前方。

9×8−16×8：重复左面，由左脚向前 Battement tendu 开始。

（音乐选自：张康明《SunShine Life，五位擦地 1》）

4. 小弹腿 Battement tendu jeté

Battement tendu jeté是芭蕾基训基础入门动作之一。该动作主要训练目的是腿和脚的瞬间爆发力和腿踢出时的力量，同时作为以后跳跃动作和大踢腿的基础训练。

小踢腿分为前旁后三个方向，踢出时分别经过擦地、点地、踢到二十五度控住。收回时顺序为脚尖外开点地、落脚掌、脚跟经由擦地收回这几个步骤（如图 1−2−15~图 1−2−17）。

小踢腿准备动作时挺胸抬头、脖子立直、小腹收紧、腰部立直、臀部与膝盖夹紧、大腿内侧收紧、保持脚下外开站立。动力腿脚后跟向前顶，带领踢出，踢出时迅速有力，脚跟向上顶，脚尖有延伸感，切勿用大腿外侧的力量，不要掀胯，不要内拐，到二十五度时瞬间刹住，强调腿的控制。在动作过程中，动力腿、主力腿膝盖一直保持伸直，主力脚脚尖、脚掌、脚后跟向下踩且注意外开。上身保持直立稳定，肩和胯在同一水平线上，切勿因动力腿踢出的力量过大而导致主力腿与上半身的晃动。收回时大腿内侧收紧，还原组合开始的五位脚或一位脚，外开站好。

（图 1−2−15）

（图 1-2-16）

（图 1-2-17）

Battement tendu jeté组合

准备拍：1-4 右手一位，脚下右前五位，眼视右肩斜前方；5-6 右手打开二位；7-8 右手打开七位。

1×8：右腿两次向前 Battement tendu jet é，四拍一次，眼视右肩斜前方。

2×8：1-2 右腿向前弹出不动；3-4 快速前点地一次；5 由前向后经过一位到后 Battement tendu jet é；6 由后向前经过一位到前 Battement tendu jet é，如钟摆的摆动；7–8 收右前五位，眼视右肩斜前方。

3×8：扶把侧左腿两次向后 jeté，四拍一次，头保持不动。

4×8：1–2 左腿向后弹出不动；3–4 快速后点地一次；5 由后向前经过一位到前 Battement tendu jeté；6 由前向后经过一位到后 Battement tendu jeté，如钟摆的摆动；7–8 收左后五位，头向旁保持不动。

5×8：右腿两次向旁 jeté，头转向正前，脚先收后，再收前，四拍一次。

6×8：右腿两次向旁 jeté，先收后，再收前，四拍一次，头保持不动；8 时向旁擦出。

7×8：1–2 一拍一次的向旁 jeté，做两次，重拍在里，收回时为一位；3 收一位；4 不动；5–8 重复此八拍 1–4 的动作；8 时收后五位，头保持不动。

8×8：1–2 右腿膝盖外开，微屈，右脚提起，脚后跟吸在左腿小腿下方，脚尖不贴在腿上，绷脚（如图 1–2–18）；3–4 右腿大腿不动，小腿向旁伸直，直腿绷脚点地，同时左腿半蹲，膝盖向旁外开（如图 1–2–19）；5–6 收前五位并将半脚尖立起，两腿伸直夹紧；7–8 向把杆内侧转身一百八十度，左手松把，打开至七位手，换右手扶把，之后落半脚尖，回到左脚在前的五位，头转向旁。

9×8–16×8：重复左面，由左脚向前 Battement tendu jeté开始。

（图 1–2–18）

（图 1-2-19）

（音乐选自：张康明 《SunShine Life，小踢腿 2》）

5. 划圈 Rond de jambe à terre（左面与右面相同）

划圈是扶把练习中另一个常见的芭蕾训练动作。在擦地的基础上，进行划圈。众所周知，芭蕾舞演员拥有漂亮的肌肉线条，其肌肉的形成与强化都离不开芭蕾训练。划圈实际上是为了训练舞者更好地控制腿部肌肉能力和脚下稳定能力，也能够进一步提高对身体的控制力，从而深入了解自己的肢体，为学习和进行优雅的芭蕾舞动作奠定基础。

首先，划圈方向有从前到后，也有从后到前之分，也称之为正划圈和反划圈。划圈按角度分为划半圈（九十度）和划大圈（一百八十度）。动作的准备位为芭蕾的一位脚，胯骨放正，腰部收紧，保持身体直立。开始时动力腿先向前擦地，脚背绷直，保持外开，脚尖点地。随后，按照圆形的运动轨迹，动力腿向旁划圈九十度，到旁擦地位。然后再由脚尖带动，继续向后划九十度到主力腿的后方，形成后擦地点地位。最后，由后擦地收回一位脚，这是正划圈，顺序为前—旁—后。反划圈则是先准备位站好，脚从后擦地出发，先由后划到旁，之后再到前点地，最后由前擦地收回到一位脚上。

切记划圆时脚的运动是流畅的，不要在前旁后的位置上停留，两腿保持膝盖伸直，胯骨不能晃动，更不能外翻。上身挺直，腰部收紧，脚背转开。

Rond de jambe à terre组合

准备拍：1–4 右手一位，脚下一位，眼视右肩斜前方；5–6 不动；7–8 右手一位 Allongé。

1×3：右脚向前擦地，同时主力腿 demi–plié，右手到一位，眼随手。

2×3：一次从前向后的 Rond de jambe à terre，主力腿同步伸直，手由二位打开七位，眼随手。

3×3–4×3：两次 Rond de jambe à terre，三拍一次，主力腿保持直立，眼视右斜前方。

5×3–6×3：右脚由后经过一位擦地向前直腿抬腿到九十度，主力腿同步 demi–plié，头保持不动（如图 1–2–20）。

7×3–8×3：右腿收到 Passé（右腿膝盖弯曲，大腿主动外开收回，右脚绷脚点在左膝盖窝上方偏前处），左腿同时伸直，头转向前方（如图 1–2–21）。

9×3–10×3：右腿由膝盖外开向后伸直，控制在九十度，头转向旁（如图 1–2–22）。

11×3：右腿直腿落下至后点地，随后收右后五位。

12×3：右手收回一位，眼随手。

13×3：右脚提起弯曲，脚后跟贴于左腿小腿下。

14×3：右腿从右斜后四点方向伸直踢腿，在空中由旁转前，落下至前点地，做一百二十度的由后向前的划圈。在踢腿的同时右手从旁打开到三位 Allongé，头转向旁，微下胸腰。

15×3：右脚由前点地经过一位脚提起，脚后跟贴于左腿小腿下，右手直接抱二位，眼随手。

16×3：重复 14×3 的动作。

17×3：手从三位 Allongé抱回二位，右脚经过一位至后 Battement tendu，同时左腿蹲。

18×3：做从后向前 Rond de jambe à terre，左腿同步伸直。同时，手从一位打开七位，头转向旁。

19×3–32×3：整体重复 3×3–16×3 的反面，右腿由后向前 Rond de jambe à terre，最后脚下经过一位向前擦地，手收一位，同时脚收回一位。

（图 1-2-20）

（图 1-2-21）

（图 1-2-22）

（音乐选自：张康明 《SunShine Life，地面划圈 1》）

6. 单腿蹲 Battement fondu

Battenment fondu 是芭蕾基训的基础动作之一。该动作主要能够提高双腿的肌肉控制能力与主力腿、动力腿的协调配合能力，其次能够锻炼主力腿承受重心的稳定力与膝盖的柔韧性，为以后跳跃时的落地稳定性打下基础。

单腿蹲的方向有前、旁、后。向前时，主力腿半蹲，动力腿屈腿外开，脚尖搭在主力脚脚踝处（如图 1-2-23），两个动作同时进行，然后动力腿伸直，主力腿向前四十五度绷脚背伸直，两个动作配合进行。向旁如向前，动力腿伸直时朝旁四十五度打开，向后时，动力腿绷脚以脚后跟贴住主力腿脚踝处（如图 1-2-24）。做动作时切记两腿在同等外开的基础上同时弯曲、同时伸直，伸直的动力腿要有无限延伸感。动作过程中要细致而缓慢。出旁、后腿时髋部不要掀起，脚趾尖和手的呼吸要一致。此动作强调手和头的配合，做腿向前与向后的动作时，眼睛看向指尖方向，做腿向旁的动作时，目视前方。

（图 1-2-23）

（图 1-2-24）

Battement Fondu 组合

准备拍：1-4 右手一位，脚下右前五位，眼视右肩斜前方；5-6 右手打开二位；7-8 右手打开七位。

1×8：右腿两次向前的 Fondu，眼视右肩斜前方，最后停在出腿不动。

2×8：1-2 右腿在四十五度上勾脚弯腿，注意外开，同时主力腿蹲，右手由七位向内抱回至二位，眼视右手（如图 1-2-25）；3-4 两腿同步伸直，动力腿绷脚，手同时打开七位，眼随手动；5-6 前腿落地至点地；7-8 收回右前五位。

3×8-4×8：从左脚开始向后单腿蹲，重复 1×8-2×8。

5×8：右腿向旁两次 Fondu，头转向正前，脚先收前，再收后，四拍一次。

6×8：1-2 右腿大腿保持不动，小腿从旁收到 Passé；3-4 脚后跟向前带（如图 1-2-26），大腿继续保持不动，小腿向旁伸直；5-8 重复此八拍的 1-4 两次，加快一倍。

7×8：1 右腿落腿旁点地；2 右脚收回右前五位，手同时收回一位；3 右腿向前擦地，右手抬至二位；4 右脚后跟外开落地，经过四位 demi-plié重心移动到右腿上，右手抱回二位，眼随手；5-6 右膝保持弯曲，左腿伸直后点地，右手二位 Allongé，头转向右旁，微微下胸腰（如图 1-2-27）；7-8 左脚向右脚贴近收回，双脚成五位半脚掌，右手打开至七位，头转向前方。

8×8：1-2 右腿顺着左腿 Passé，左腿保持半脚尖；3-4 右腿向后 Attitude（如

图 1-2-28)，右手打开至七位，头转向旁，眼视右手方向；5-6 不动；7-8 右腿再向上抬至一百二十度，同时左腿半蹲，右手直接由七位向上打开至三位 Allongé，眼随手（如图 1-2-29)。

9×8：5-6 结束拍右腿落下至后点地，左腿伸直，右手落至七位，眼随手，随后右脚经过一位擦到前 Battement tendu；7-8 脚下收右前五位，右手收回一位，眼随手后抬头至右斜前方。

（图 1-2-25）

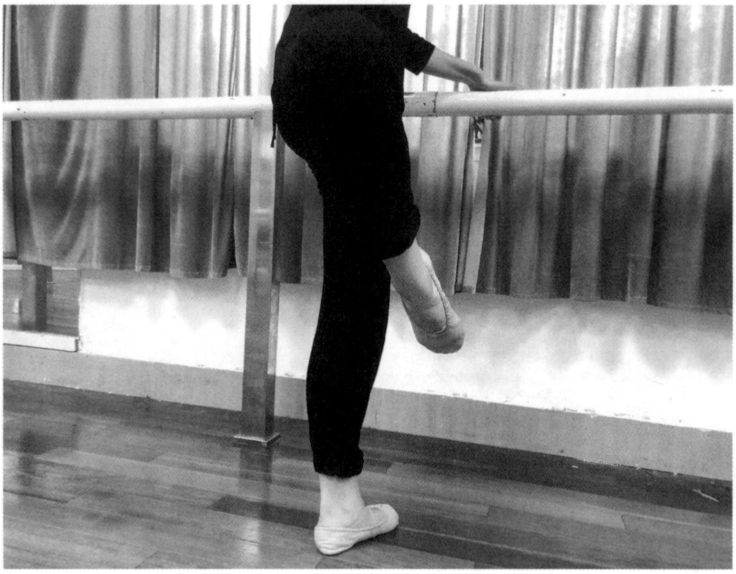

（图 1-2-26）

（图 1-2-27）

（图 1-2-28）

（图 1-2-29）

（音乐选自：张康明 《SunShine Life，单腿蹲 1》）

7. 大踢腿 Grand battement jeté（左腿与右腿动作相同）

Grand battement jeté是芭蕾基训的基础动作之一。该动作最大限度地训练了腿的运动幅度，拉伸了腿部韧带，同时训练了腿部肌肉的爆发力及灵活性。该动作也是体力训练的一种有效方式，通过这项练习，为日后的跳跃提供启动动力、速度、力量。

该动作的方向分为前、旁、后。向前时，经过前擦地——小踢腿，最终发力向上到大踢腿，踢腿启动时动力腿由脚背带动向上，脚尖带动发力，运用爆发力加强速度。主力腿与上身牢固直立，在不受动力腿影响扯动的状态下，踢到最高。向旁、向后与向前一样，作为擦地的延续，无论踢腿或收回都不能忽视擦地的过程。

踢腿时注意：一、主力腿与动力腿保持伸直，不可弯曲；二、不能用胯、膝盖带动发力；三、稳定上身，不要随着踢腿来回晃动；四、落地点地时，经过最远点的点地，经过擦地最终收回；五、随着幅度加大，保持重心的直立，切莫拉把杆。该动作需要更强的腿部力量以及身体稳定性，也同时需要平衡能力以及更好的柔韧度。

大踢腿组合

前腿：左手扶把，脚下一位。

准备拍：1–4 不动；5–6 右手二位；7–8 右手打开到七位，同时右脚向后擦地，眼随手动。

1×8：1–2 经过一位擦地向前踢腿，踢腿时胯根转开，以脚背带动腿部用力向上踢，主力腿伸直，其他部位保持不动；3–4 落腿时经过一位向后擦地，上身保持不动；5–8 重复 1–4 的动作。

2×8–8×8：重复 1×8 的动作。

旁腿：双手扶把，脚下一位。

准备拍：1–6 不动；7–8 时右脚绷脚擦地至左斜前点地，目视前方。

1×8：1–2 以脚背带动腿部用力向右肩方向踢，主力腿伸直，胯部与上身保持不动；3–4 落腿。

2×8–8×8：重复 1×8 的动作。

后腿：双手扶把，脚下一位。

准备拍：1–6 不动；7–8 时右脚向前擦地，目视前方。

1×8：1–2 以脚背带动腿部经过擦地向后踢，主力腿伸直，后胯根转开且不掀胯，上身尽量不往前倾；3–4 落腿时经过一位向前擦地，上身保持不动。

2×8–8×8：重复 1×8 的动作，后四个八拍抬头向后找腿，呈倒踢。

（音乐选自：张康明《SunShine Life，大踢腿 1》）

第三节　中间组合及技术训练

1. 综合碎步舞姿训练 Balancé

Balancé是芭蕾基础动作之一。Balancé的中文意思为均衡，平衡，协调，是芭蕾舞中的一个摇摆舞步，方向有向旁、向前、向后。舞曲节奏温柔细腻，动作也是舒畅延伸舒展，脚下摇摆灵动。第一步，准备五位脚，将后脚半脚尖点地（右脚），主力脚踩好，手可叉腰。第二步，动力脚回 Cou-de-pied 的位置，主力腿半蹲，之后动力脚经过后五位擦地向旁，重心依然在主力脚上，双手从一位至二位。第三步，把重心推到动力脚上，主力脚收回变成后 Cou-de-pied 的位置。手同时打开六位手（左手二位，右手七位），头转向左。第四步，重心移动至后脚，后脚半脚掌踩地呈五位脚 Relevé，前脚绷到脚趾尖，同时双腿伸直。第五步，前脚落下来时，重心移动至前脚，前脚回到 Plié的位置，后脚回到 Cou-de-pied 的位置。随后重复第二步，双手直接打开七位，舞姿继续保持延伸，身体跟着脚的舞步舞动，相反方向动作一致。

Balancé 组合

准备拍：

1×3-4×3：脚下一位，手自然手位。

5×3：1（女）右脚向旁擦地，手一位 Allongé。（男）右脚向旁擦地，右手提起至左肩前，手背朝上；2（女）重心平移到右脚，左脚旁擦地点地，手一位 Allongé。（男）重心平移到右脚，左脚旁点地，右手向前伸直打开，手心向上，经过一点至七位手，手心向上；3（女）左腿小腿弯曲向右斜后方点地。（男）不动。

6×3：1-2（女）右腿外开半蹲的同时左腿外开弯曲，微微低头，行礼（如图 1-3-1）。（男）左脚收回一位，右手收回自然位，微微低头，行礼。在行礼舞姿上站直。

7×3-8×3：重复 5×3-6×3 反面的动作。

开始：

1×3-4×3：四个 Balancé，右腿向旁擦地开始，右腿出时手六位，头向左转，下巴抬起。左腿出时左手七位，右手二位，头向右转，下巴抬起（如图 1-3-2）。

5×3：脚下向八点方向 Suivi（碎步），身对二点，眼视二点，双手七位 Allongé。

6×3：左腿通过小的吸腿外开向二点点地，身对二点，同时右腿外开半蹲，左手三位，右手七位，头微微前倾，在左手前看向八点方向（如图 1-3-3）。

7×3-8×3：重复 5×3-6×3 反面。8×3 的第三拍时，右腿收回右前五位，身体转向一点，眼视一点，双手七位。

9×3-16×3：重复 1×3-8×3 的动作。

17×3-18×3：两个 Pas de chat（猫跳），双手七位，眼视一点。

19×3：右前五位 demi-plié，手经过七位 Allongé抱回一位。

20×3：右前五位 Relevé，手经过二位到三位，下巴微微抬起，眼视一点。

21×3-22×3：脚下右前五位原地 Suivi，身体从一点方向顺时针转至五点，双手从旁打开至七位，手心朝上（如图 1-3-4）。

23×3-24×3：脚下继续右前五位原地 Suivi，身体从五点方向向右继续顺时针转至一点，同时双手七位 Allongé，抱回一位，眼随左手。

25×3：脚下继续右前五位原地 Suivi，右大臂提起，带动小臂、手腕至三点斜上位，像起飞的鸟儿，眼视正前方。

26×3：左手重复上个八拍右手向上提的动作，同时右手由手肘向下沉，带动小臂、手腕至三点斜下位，眼视正前方（如图 1-3-5）。

27×3-28×3：重复 25×3-26×3，从右手上提，左手下沉开始。

29×3：右腿向二点方向向前 tendu 点地，双手抬至二位。

30×3：经过四位 Demi-plié，重心推至右腿，左腿后点地，右手向二点方向敞开式 Arabespue，眼视二点方向（如图 1-3-6）。

31×3：左腿向二点方向 Tendu，经过一位 Demi-plié，到左前四位 Demi-plié，同时左手落下经过一位到二位，右手直接向旁打开至七位，眼随左手。

32×3：重心移动至左腿，双腿伸直，右脚外开向六点方向点地，左手打开至三位，右手七位。头微微前倾，透过手臂向八点方向看（如图 1-3-7）。

33×3：面朝二点，右手由七位向下经由一位到二位 Allongé，左手翻腕落至七位 Allongé，右脚绷脚经过小吸腿向二点方向迈出一步，随后单脚起跳，在空中手保持位置不动，左腿后腿抬至九十度。

34×3：向二点方向跑下场。

（图 1-3-1）

（图 1-3-2）

（图 1-3-3）

（图 1-3-4）

（图 1-3-5）

（图 1-3-6）

（图 1-3-7）

（音乐选自：Fabrizio Paterlini 《Rue des trois frères Fabrizio Paterlini》）

2. 平转 Chaine（以往左转为例）

做法：双脚一位半脚掌立起，双手叉腰，身体朝三点方向，眼视一点。第一步，前半圈旋转时，右脚脚掌捻地，转过一百八十度，身体保持正直，左脚可以稍稍辅助用点力，但绝不可以全部由左脚使力，这会造成重心的偏移。转的同时，头一直看着正前方，一定盯住不动，头要保持正直，不要偏头，不要斜着眼睛看。第二步，后半圈左脚后撤步转回正面，头要留到最后再甩，但保证在身体转到正面时头也向正面，甩头不要太用力或是太过于刻意，尽量随着身体转，随着惯性转（如图 1-3-8）。

在平转中，需要注意身体保持直立体态，中段收紧，使双脚半脚尖的重心集中；双腿内侧加紧，在动作中不可出现弯曲；在完成半圈动作时，上步脚一侧的肩、胯、脚要形成一条直线，在转动中保证同步性，尤其胯部不能后懈，胯部要跟上身体的其他部位，这样才能够保持住转时一条笔直的线路；全身除了甩头，只有脚步在动。

（图 1-3-8）

3. 小跳 Sauté

小跳 sauté是芭蕾基训的基本动作之一。小跳又有一位小跳、二位小跳，四位小跳、五位小跳等。做法：脚站一位（二位、四位、五位脚），准备时双手叉腰，经过demi-plié起跳，脚掌用力推地，离地顺序为脚后跟→脚掌→脚趾尖，在空中两腿伸直绷脚背，保持外开（如图 1-3-9），最后落地顺序为脚尖、脚掌、脚后跟，落回一位脚位，经过 demi-plié，再伸直。小跳一般跟随音乐完成四个八拍，也就是三十二个。第三十二个落地 demi-plié蹲好，内侧夹紧，站直。

跳时需注意三点：第一点，脚背在空中要向外推；第二点，一定要经过 demi-plié的缓冲，然后才能起跳；第三点，在空中时身体保持直立，肩膀、脖子、呼吸都要注意，肩膀尤其注意下沉，不可随着提气而耸肩。

（图 1-3-9）

4. 凌空跃 Grand jeté

Grand jeté是芭蕾舞中大跳的一种，大跳在动作中难度较大。它不仅要求舞者有一定的弹跳力、肌肉的爆发力，还需在跳跃的过程中做出富有表现力的舞姿（跳跃到空中时，需要尽可能长时间地保持舞姿，就如同挂在空中一样）。为此，舞者需要较好的身体素质——体力、耐力和协调性，而较好的身体素质需要长期的系统训练，从而达到跳跃的要求。凌空跃对舞者腿部韧带的软开度，腿部肌肉的力量与控制能力，以及对脚腕的能力、膝盖的受重力、弹跳力都具有一定的训练意义。

以右腿凌空跃为例，准备时，重心在左脚，右脚前擦地，同时双臂从一位到二位再打开到七位。动作过程的第一步，在膝关节弯曲的同时上身向前俯冲，同时前脚擦地向前推进，后脚快速跟进，两个膝关节伸直，身体直立向上起跳，双脚做五位的空中打击，双腿并紧伸直。第二步，左脚缓冲落地蹲，右脚沿着地面直腿向前推进擦出。

这个动作在芭蕾中称之为（pas）chassé，它贯穿于许多大跳的助跑中。第三步，左脚向前上步蹲，重心前移，身体保持直立，低头，吐气，同时手从七位收回至一位。第四步，起跳，要求直腿踢前腿起跳，约九十度。grand jeté 要求重心走抛物线，由后腿推地起，落前脚 plié。动作形似凌空跃起横飞燕或者空中劈叉，发力向上时前面的一条腿笔直地跃起同时双腿前后劈叉，整个动作由前面的一条腿牵引，看起来仿佛在空中滑翔（如图 1-3-10）。舞者至少一条腿始终与这条线相切，得以保持头部和躯干平衡。它会营造出某种“漂浮凝固”在空中的感觉，其能否演绎完美还取决于舞者的起跳速度。最后，落腿收手回到一位上。

切记在过程中身体肌肉要收紧，尤其是腰部肌肉，这是增加跳跃高度的重要因素。在跳跃的过程中腿伸直，落地的时候前腿弯曲，起到缓冲的作用，手在起跳过程中不要高于双肩高度。

（图 1-3-10）

第二章

现代舞与流行舞

经过一学期的基本功训练后，在肢体的控制能力、认知度、对于动作的敏感度和身体的柔韧性都有了明显的提高后，进入第二章：现代舞与流行舞。现代舞与流行舞在形体教学中主要分为三部分，分别是：技术性板块、身体训练板块、流行舞基础训练。技术性板块主要通过系统性的学习，用理性的眼光分析“调度”，以加深对于舞台调度、空间等专业知识的掌握与熟练运用。身体训练板块通过不同的组合，加深演员对于呼吸、爆发力、把位以及身体小关节的控制能力的认识，也为舞台形体技能的体能要求打下良好的身体素质基础。流行舞基础训练则是结合当下最流行的元素创作的表演性组合，能够训练肢体控制能力、舞感以及对于节奏和音乐的认知，最终提升演员对于舞蹈的兴趣度与喜爱度。

第一节 现代舞技术理论

（其中部分技术选自《舞蹈调度的王玫研究》）

此“技术”非彼技术，本文的“技术”非现代舞动作上的技术，而是为了结合表演专业的需要，为了开发表演者在舞台中的想象力，在学习中的主观能动性，以及双人、多人的配合能力而选择的。笔者经过一系列的学习与实践后，选择了王玫的《舞蹈调度的王玫研究》作为教材，选取了其中一些舞蹈技术作为现代舞课程中的一部分进行教学。之所以选择这一本极其专业的书，是因为在学习中此书的技术不但非常专业，而且不仅限于舞蹈专业的学习，也可以有效运用到表演专业的教学中，是一本打通了戏剧等舞台艺术与舞蹈的书，这些技术贯穿于舞台的空间、调度、视线等。笔者在讲解技术的同时，加入表演者创作与设计的部分，充分地调动了表演者的思考能力。在这里，不是要求高难度的“技术”，而是运用自己对于技术的理解，体会舞蹈与戏剧中自我创作的乐趣。

1. 图形的点线面

这里所说的图形不是我们约定俗成的图形，也不是在图纸上画的圈圈、三角、方块，而是一个活生生的“人”，人站在舞台上，并不是一个点，由于面向的改变，目标视线的改变，而造成了多种不同的改变，如“神奇的圆形”，一群人站成一个圆，面向朝内，圈的中心站一个人。那么，此图形就仿佛是一群人在逼迫中间的一个人，因为圈上的人面向相同，动作相同，状态也相同，他们是一类人，而目标视线聚焦在中心，显得逼仄，所以导致了一种压迫的意味，如果他们全部转身朝向圈外，那就显得这一圈人将要离去，留下中间那个有着“孤独”意味的人。因此，当你站在台上，你是一个“有效的人”，而不是一个物理图形。因为你是一个人，所以又被称为“一点”图形；线性图形就是一条线，横线、竖线、斜线等。这条线上的人可以看见前面人的“后脑勺”，且

【课堂作业】

进行三人及以上的分组，分别以不同的造型或状态做出三个点，三个线，三个面，三个体，并阐述该图形是点性图形、线性图形、面性图形还是体性图形。

必须面向相同、状态相同、动作相同才是有效的线性图形，观看效果像是“流过”；如果这些人改变了面向，横线上所有人面朝台下的观众，且状态相同，动作相同那么就称一面图形，就像是要朝观众走来。不论是舞蹈演员还是其他艺术专业的从业者，在舞台上时都无法摆脱图形与图形的意味，这恰好可以解释一些舞台上的图形排练的原因和调度的目的。

2. 图形运动

图形运动也是人的运动，舞蹈图形的运动形式特指舞蹈调度作为工具的运动形式。其形式有四种：舞蹈图形的静止运动、舞蹈图形的原地运动、舞蹈图形的换位移动、舞蹈图形的重解与重构。[①] 静止不动指的是构图的人的静止不动导致图形的不动，从而图形所占有的空间位置被标定，也显示为静止不动；原地运动，构成图形的人原地运动，整个图形看起来就在原地进行运动，此时所占有的空间位置呈现运动状态；换位移动，构图的人在维持图形的基础下进行换位移动，看起来仿佛整个图在空间位置中换位移动，不断移动的路线标定了运动的空间位置；重解与重构，构图的人的不断运动导致图形重解与重构，标定了运动的空间路线。

图形的运动涵盖了图形在空间中运动的原理，对于该专业，不但可以开发其对空间的认知，对他人占有空间的认知，也在寻找图形的不同变化中扩展思维想象力，锻炼其团队合作能力，在肢体动作上的设计潜移默化地加强了演员对身体运动的认知。

【课堂作业】

进行三人及以上的分组，分别做出两种不同图形下的静止不动、原地运动、换位移动、重解与重构。

3. 同点配合

同点配合是两个以上的动作以同个时间点而发生，以同点配合种种不同的动作，其效果将构成不同的动作关系[②]。听起来十分复杂，其实不然，这个技术在话剧与舞蹈等舞台艺术中十分常见。如一个互相作用的动作扇巴掌，我们拆开两个人，使他们面

① 王玫．舞蹈调度的王玫研究 [M]. 南京：江苏凤凰文艺出版社，2014：376.

② 王玫．舞蹈调度的王玫研究 [M]. 南京：江苏凤凰文艺出版社，2014：391.

> **【课堂作业】**
> 进行两两分组，分别做出三种不同的同点配合，如风吹树动、中枪、拳击等。

对前方在同一时间点进行刚刚扇巴掌的动作，虽然改变了空间导致动作并不能实体接触并作用于对方，但是正是由于动作本身具有的关系与相同时间点发生，还是体现出相互作用的效果，这种奇妙的效果就是同点配合。不论是舞蹈演员与话剧演员都应该知道它的名字，这个技术在让动作效果更加强烈的同时还巧妙地隔开了空间，既高级又能训练表演者的无实物表演能力，对对手的感知能力等，是很好地连接舞蹈与话剧的技术。因此，原本毫无关系的，不同的动作在同一个时间发生，在同时发生的时候就建立了动作之间的联系，也将重新整合出原本的行为关系，并由于不同的空间，而达到以虚述实的效果。

4. 焦点转移

焦点转移是舞蹈叙事的一种形式，焦点是注意力的集中点，焦点转移是通过两个以上的焦点相互转移的形式分别展开的叙事。

焦点转移的形式有：线性和跳性的焦点转移。线性的形式是视线运动的过程一直连贯，其连贯性相似于线形；跳性的形式是视线运动的过程并非连贯，其非连贯性相似于跳性[①]。

焦点转移在舞台上呈现的效果为显见双方与不见一方。显见双方是焦点转移之后的一种结果：双方人物以及物之看的视线关系而完成的互看与互见，使双方同时成为焦点。不见一方也是焦点转移之后的一种结果：双方人物以隔空之看的视线关系而完成的不见一方，如由于A的视线集中于B，B却不看A，导致B在A的注意下成为焦点。

> **【课堂作业】**
> 进行四到五人的分组练习，给命题，如孤立等，以焦点转移的方式分组创作表演。在课后进行作业的完善，并创作成为一分钟的小作品。

在表演中有许多焦点转移，有用语言转移的、有用视线转移的，也有用调度转移的。焦点转移的训练有助于提升表演者的配合能力，帮助他们清楚地认知什么是焦点，并能够在表演小品时、展示服装时学会运用焦点转移。

---

① 王玫．舞蹈调度的王玫研究[M]. 南京：江苏凤凰文艺出版社，2014：389-390.

5. 视线技术

人的视线不仅在生活中十分重要，在表演中更是尤为重要。视线是建立人物关系的工具，话剧中出现的富有情绪的“看”很多，而在表演时也少不了眼神的运用，在规定情境下发生了这个“看”，这种特定的“看”有什么意义？视线技术通过理性的分析，使表演者掌握常见的视线关系，能够明白视线的重要性，并运用到自身作品的展示与表演之中。表演者在表演中要能够分析每一个“看”中的视线关系，并能够处理好自己对于视线的运用，同时加强自身的导演思维。

视线技术一共分两大类：一类为不改变空间的及物之看、不及物之看、参半之看；第二大类为隔空之看，包含隔空及物、隔空参半①。

及物之看，是人物双方互相看见的视线关系，A 能看见 B，B 也能看见 A；不及物之看，是人物双方都在看，却看不见对方的一种视线关系，也可以称为双方都只看而未有的结果的视线关系，A 在看，却看不见 B，B 在看，却看不见 A。两方在舞台上出现时一般在两个空间中且双方都不知对方的存在；参半之看，是人物双方的一种一方能看见另一方，另一方却看不见看见的那方的一种视线关系，A 能看与见 B，B 不看也不见 A，同理，两人对调也一样。

隔空之看，一旦视线隔开空间，就不能是真看，也不能形成视线关系。因此，这是一种特殊的表现视线关系的形式，以隔开空间的形式，通过一定动作配合所产生的化学反应而表现及物之看和参半之看。隔空及物是以隔空之看的形式表现及物之看，如 A 与 B 对视，A 扇 B 一巴掌，B 捂着脸，这是及物之看的一种，现将两人分开都面对前方，同时发生扇巴掌与被扇。虽 A、B 不见，但由于动作关系使 A 与 B 产生关系，仿佛可见。同理，隔空参半就是以隔空之看的形式而表现的参半之看。

【课堂作业】

进行两两分组练习，给规定情境，如看风景、一片森林等，让表演者自己思考，从该情境中寻找切入点，自己设计剧情走向并带入此技术，在课后进行作业的完善，并创作成为小作品。

① 王玫 . 舞蹈调度的王玫研究 [M]. 南京：江苏凤凰文艺出版社，2014：388.

6. 空间技术

空间的运用是艺术的独特之美，能体现出艺术作品的高级，也是艺术区别于生活的一项重要特质，在表演中更是无法避免空间的转换与运用。舞台，一个小小的空间，却能发生大千世界里的一切，它可以同时装下南极与北极，同时装下历史与未来，要让这些奇妙的故事同时发生在舞台上，就少不了表演者对空间的处理。因此，空间的重要性可想而知，而能够理解空间的分类，掌握有关空间运用的能力，也是当今演员必须掌握的技能。空间又分为现实空间、心理空间、现实中的心理空间、心理中的现实空间①。

现实空间是舞蹈空间的一种现实状态，其状态的效果在于现实，构成于人物的行为之“做”，也承载着人物的行为之“做”，也就是让生活中的事发生在舞台上。心理空间是舞蹈空间的一种心理状态，其状态的效果在于心理，构成于人物的心理动作，也承载着人物的内在经验。这是艺术中特有的一种空间，将人们心中所想外化，表演中的“独白”，将内心的话语说出来，让观众知道你心中所想，是心理空间的一种呈现方式；现实中的心理空间是舞蹈空间的一种状态，其状态也特殊：现实与心理并行，现实空间先行制约心理空间，其效果就是做中的想，例如：“独白”发生在人群中，且人群看不见你，听不见你的独白，继续着他们的“做”；心理中的现实空间也从属于“状态空间”一节。其也一样，既是舞蹈空间的一种状态，其状态也特殊：心理与现实并行，心理空间先行制约现实空间，其效果就是想中的“做”。

【课堂作业】

进行两到三人的分组练习，给命题，如回忆中的你、老人与少年等，让表演者自己思考，从命题中寻找切入点，自己设计剧情走向并带入此技术。在课后进行作业的完善，并创作成为一分钟的小作品。

① 王玫．舞蹈调度的王玫研究 [M]. 南京：江苏凤凰文艺出版社，2014：379.

第二节 现代舞身体训练

现代舞（Modern dance）是20世纪初在西方兴起的舞种，最初是由于美学观点上反对古典芭蕾的因循守旧、脱离现实生活和单纯追求技巧的形式主义倾向而开始发展的，是一种与古典芭蕾相对立的舞蹈派别。现代舞非常强调自由，其具有一定的“反叛性”，舞者们脱去了足尖鞋、芭蕾裙，由三度空间的主要形式转换到一度空间的运用。在教学中，除了“现代”，还有“舞”，“舞”这一部分就体现在“跳”上，课上除了调动表演者思维能动性与活跃性的技术练习，身体训练的部分也是不可或缺的。

现代舞对美与丑并没有绝对的划分，美更不是现代舞的追求。所以，在跳现代舞时“美”与“不美”不该是评判它高低的唯一标准，动作的“规范”与“不规范”也不应该是评判动作是否正确的标准。格莱姆初出茅庐时，她那带棱带角，更带着对即将到来的新时代的敏感的抽搐动作，曾被当时报界辱骂成“要么是分娩迫在眉睫”。但是经过时间的流逝，当全世界的现代舞者用她那癫痫突然发作的舞蹈方式时，她的动作原理——“收缩－放松”（Constraction & Release）就成为新时代的现代舞三大体系之一和新美学的代表了。因此，进入现代舞身体素质训练的第一步，就是让表演者敢于感受、敢于表现、敢于跳出来，从思想上克服美与丑的固有标准。

现代舞作为国内与国外“跨文化”的代表越来越受广大表演者的喜爱。虽有众多专业化的现代舞教程，但要找到一种最佳方式时考虑的因素也是众多的。笔者从该专业的舞蹈背景出发，强调技术训练与组合训练、自由与规范、国内教学与国外体系的融合，从现代舞课程的构建中，融入表演专业特点，达到技术性与训练性的结合，最终达到适合应用于现代舞课堂的、能辅助表演者形体塑造的身体训练，并通过训练加强表演者的肢体协调性、节奏感和韵律感，提高表演者的形体表达感受能力，使表演者能够在训练中充分感知自身并在空间中感知他人，以此达到演员舞台表演感觉的提升，以及艺术表现力增强的训练效果。

1. 活动

1.1 韧带拉伸

准备：面朝一点，双腿打开约两个肩宽，上身向左腿体前屈，拧身向后将双手放于腿后方，指尖朝向五点方向（如图 2-2-1）。1-4 蹲下，右腿膝盖弯曲，左腿伸直，其余部位保持不动（如图 2-2-2）,5-8 右腿蹬直，左脚保持原地不动，回到准备姿势。重复四次蹲起后不要起身，维持不动四个八拍，之后换反面。

要求：双膝尽量伸直，双手手掌尽量贴地。

（图 2-2-1）

（图 2-2-2）

（音乐选自：Ólafur Arnalds 《Endalaus II》）

1.2 腰部力量练习

准备：双腿平行站立，打开与肩同宽，上身与面向转至二点，手臂伸直向上举，手掌相对（如图 2-2-3）。1-4 吐气，双手平行，由双手带动向下甩，手臂伸直，头尽量贴住右腿，手甩至指尖朝天花板（如图 2-2-4）；5-6 吸气，双手平行，伸直指向二点，身体与手臂形成一条线，与腿形成九十度（如图 2-2-5）；7-8 起身，转面至八点，做准备姿势，重复反面。重复四个八拍后加快一倍做四次，第五次九十度控住不动，两个八拍后起身，转向反面，控住反面。

要求：后背在动作时尽量保持伸直，双手尽量保持向远延伸，呼吸一定要通畅，学会用呼吸带动动作。

（图 2-2-3）

（图 2-2-4）

（图 2–2–5）

（音乐选自：Ólafur Arnalds 《Endalaus II》）

2. 收缩与放松训练

“格莱姆技术认为人类的中段是运动的核心和焦点，而四肢则是伴随身体中段或脊椎运动时随动的产物。格莱姆技术从地面训练起始，它在地面训练中找到人体的中心，强化运动的核心发力点，增强中段控制力，从地面的拉伸、背部训练和腿部延展练习开始，重点强调身体中心的训练与地面和重力有着非常清晰的关系。”① 她的动作来源于呼吸中，并借助于呼吸这种贯穿生命全过程的根本动作去推动脊椎与身体各个部位。

现代舞著名的三大技术有其多年保存与被应用的价值，在此课程的训练中，并非专业的格莱姆技术训练，而是简单化地利用收缩与放松更好地感受身体，引导身体完成动作。此练习是进入现代舞教学的第一个训练，能够使表演者先体会、体验用呼吸带动身体的各个部位，使表演者增加对身体的了解。

组合动作解析

1×8–2×8："大" 字躺于地面，手心朝下，感受身体与地面的接触（如图 2–2–6）。

3×8：1–2 右手由指尖向掌心一节一节蜷缩，匀速；3–4 手腕离开地面，向左手

① 李文祺．玛莎·格莱姆的运动哲学和创作理念 [J]. 北京舞蹈学院学报，2018（1）：90-96.

方向蜷缩，右手慢慢接触到右肩，匀速；5-6 继续往左卷，右肩离开地面，向左翻身，成侧躺状，匀速（如图 2-2-7）；7-8 用腹部力量带动双腿弯曲向内，整个人收缩至最紧状。

4×8：慢慢放松，动作原路返回至躺地。

5×8-6×8：由左手手指向内卷开始做 3×8-4×8 的反面。

7×8：1-4 加快一倍完成 3×8 的动作，从右手起；5-8 加快一倍完成 4×8 的动作，从左手起。

8×8：重复 7×8 的反面。

9×8：1 继续将该动作加速，迅速左边翻身收缩，吸气，从右手起；2 快速回到地面，吐气；3-8 重复 1-2 的动作三次。

10×8：1-2 此八拍需自右向左划一个平圆，右手贴着地面由旁划到头顶上方；3-4 经过继续往左边划动，运用腹部肌肉的收缩带动上半身起身（如图 2-2-8）；5-6 右手继续贴地面向前划圆，左手跟上，经过体前屈姿势；7-8 换左手带动身体划最后四分之一的圆，上身随动，顺势躺下。

11×8：重复 10×8 的反面。

12×8：1-3 重复 10×8 的 1-2，右手贴地向上划动，向左翻身，双腿收缩；4 时保持收缩，右手胸前撑于地面，将身体胯部左侧离开地面，以左肩为圆心与支点，以脚划出圆周的线路。5 右脚先向二点方向贴地前迈；6 保持支点，左脚向前迈；7-8 同 5-6 动作一样，一拍一次。

13×8：1-4 继续在地面走路，一拍一次（如图 2-2-9）；5-8 划完一圈，双手打开回到躺地。

14×8-15×8：重复 12×8-13×8 动作的反面。

16×8：1-4 手与脚如被线提起般向天花板方向举起，不弯曲；5-8 手部被继续向上牵引由腹肌带动，肩与腰部离开地面以尾椎为支撑点（如图 2-2-10）。

17×8：1-4 保持不动；5-8 吐气，平躺回原位置。

18×8-19×8：重复 16×8-17×8 的动作。

（图 2-2-6）

（图 2-2-7）

（图 2-2-8）

（图 2-2-9）

（图 2-2-10）

（音乐选自：Ólafur Arnalds 《Near Light》）

3. 重心训练

韩芙莉体系要经受的第一个考验是"动作性"、动作四要素：设计、力度、节奏和动机、不稳定的矛盾冲突在中心点消失和动作姿态的不同类型与舞蹈整体形式等方面的舞蹈思想，研究了韩芙莉舞蹈对动作原动力、动作失衡与复衡的探索和对"人的艺术"的追求，概括了其"跌倒 - 爬起"的技术体系。"[①] 韩福瑞（Doris Humphrey）的

① 于雪 . 失衡与复衡的戏剧 [D]. 长春：吉林艺术学院，2012.

动作原理以“跌落与复原”（Fall & Recovery）为首，技巧训练时所产生的动力又分摆荡（Swing）、重心转换（Weight shift）。对于演员的下肢训练来说，重心是至关重要的一部分，它的稳定性对于演员在完成动作或进行走位移动时脚下的控制起着不可忽视的作用，而在表演时无法脱离行走、跑跳、移动等动作，再加上一定的情形、人物自身不同的状态、语言的配合，下肢动作的一个转身、一趟走动、一个倾倒都是依靠重心的转移。由此可见，下肢训练对表演有着一定的影响，为了使演员在台上能够自然地走动，进行四肢协调的表达，因而进行重心练习。

为了更好地训练戏剧演员对重心的把握，该组合从重心的角度出发，由“走路”的动机开始发展，最终让表演者认识重心，了解失重，能够掌握重心的转移。

组合动作解析

准备拍共4个8：脚下正部位站立，双手自然放松垂于身体两侧。身对二点，视二点。

1×8：1-2身体转向二点方向，并向此方向迈出右脚，重新推到右脚；3-4向二点方向迈左脚，身体放松；5-6右脚继续上步，重心转移到右脚；7-8两脚不动，将重心从右脚转移至左脚。

2×8：1-2身体保持面对二点方向，右脚向六点方向撤步；3-4左脚继续撤步；5-6右脚向五点方向上步并将重心推至右脚，脚带动身体转身向三点方向，眼视五点；7-8脚下不动，重心转移至左脚，身体转向一点，视一点。

3×8-4×8：重复1×8-2×8的动作，8右脚踩回一点。

5×8：1-2双腿弯曲，右脚向二点方向全脚贴地擦出一步（如图2-2-11）；3-4左脚向八点方向全脚贴地擦出一步，线路为靠近右脚再横向打开；5-6右脚向四点方向全脚贴地擦出一步，线路为横向靠近左脚再斜向打开；7-8左脚向六点方向全脚贴地擦出一步，线路为靠近右脚再横向打开。以上动作双手保持放松，随身体自由晃动。

6×8-8×8：重复5×8三次，最后一步直接站直。

9×8：1-4双手端至二位，双膝向一点方向做半蹲；5-8向前躬身九十度，双手朝后五点方向伸直向上甩，双膝同时伸直（如图2-2-12）。

10×8：1-4双手由下往上，由一点至天花板至六点划立圆，身体随手动起立；5-6时快速双手端至二位，双膝向一点方向做半蹲；7-8起身回准备位。

11×8：1-2右手向三点方向侧平举，手背向上；3-4头向右转，看手，同时手部翻转至手心向上；5-8右手由指尖带动向上，向右肩方向卷，经过肩前，身体逆动势向左。

12×8：1–4 右手在右肩前时，指尖由下往三点方向穿出，身体随动势向右（如图 2–2–13），左手随身体的动势由大臂、小臂、手腕、指尖的顺序向上提起；5–8 右手自然落下，左手继续向上延伸（如图 2–2–14）。

13×8：1–4 身对一点，左手从上向七点方向划立圆，吐气，双腿根据手落下的动势快速半蹲，根据手抬起的动势快速起立；5–8 手慢慢回到天花板位置，随后保持不动；

14×8：重复 13×8 的动作，不加蹲。

15×8：1–2 左手落到七点，左耳贴左肩；3–4 左手向腰的方向向内盘手，上身随手向左下旁腰；5–6 由手背带出，伸直手臂经过七点，一点，最后弯小臂至右肩前，上身立直（如图 2–2–15）；7–8 保持不动 。

16×8：1–2 左手从右肩前打开，朝前划平圆，带动上身向左转动；3–4 随着上身转动，右膝弯曲，左脚从前经过划圈至四点方向，并将重心从右脚推至两脚中间，右膝伸直；5–8 抬右手至二点，同时左手至六点，侧平举（如图 2–2–16）。

17×8：1–2 左手小臂收回至左胯，手心朝上；3–4 右手小臂收回至右胯，手心朝上；5–8 右脚由脚后跟为轴 ，脚尖转动至六点与七点间，身体转向六点方向，重心保持不变。

18×8：1–4 半蹲，双膝朝六点方向，蹲的同时双手伸直，由身体两侧抬起，经由下到上的路线抬起，分别至四点与八点的斜上位（如图 2–2–17）；5–8 身朝六点方向，双手原路落下至身前交叉，重心在两腿中间。

19×8：1–2 重心移动到左脚半蹲，同时右腿伸直，身体向四点方向倾斜。蹲的同时双手伸直，由身体两侧抬起，经由下到上的路线抬起，分别至四点与八点的斜上位（如图 2–2–18）；3–4 身朝六点方向，双手原路落下至身前交叉，同时快速转移重心至右脚，左脚离开地面，两腿膝盖伸直（如图 2–2–19）；5–6 左脚落地，回到 1–2 的位置；7–8 身朝六点方向，双手伸直向上举至头两侧，重心转移至左脚，右脚吸起贴至左腿膝盖旁（如图 2–2–20）。

20×8：1–4 上身面向不变，双手朝六点平行落下，右脚向二点方向后撤脚掌点地，膝盖微屈，左腿膝盖弯曲，形成弓步，重心在左腿。同时双肩由后向前顺时针转动一圈，肩向后时最大限度地在重心依然是左脚的情况下瞬间抬起左腿，肩向上时左脚落下形成弓步。5 右手抬起，划过二点方向至天花板，同时身体向前倾九十度，同时右脚抬后腿至九十度，左腿弯曲，随着右手的向上拎，身体在前倾九十度不变的情况下转向二点方向，后腿变旁腿（如图 2–2–21）；6 身体慢慢立直，右腿由旁腿转胯根变成前腿，再经由吸腿；7–8 站回地面，手与腿同时落下至自然位，身对一点，视一点。

21×8-40×8：重复所有动作的反面。

（图 2-2-11）

（图 2-2-12）

（图 2-2-13）

（图 2-2-14）

（图 2-2-15）

（图 2-2-16）

（图 2-2-17）

（图 2-2-18）

（图 2-2-19）

（图 2-2-20）

（图 2-2-21）

（音乐选自：方便便《开往春天的地铁》）

4. 时空力训练

拉班认为:“任何运动，都由重力、时间、空间、流畅度四种因素构成，称作‘运动四要素’”，他的学生魏格曼提出:“时间、力量和空间，是给舞蹈以生命的要素”。这一理论现今被整理成时、空、力这三大要素，也一直是舞蹈动作中至关重要的部分。

“时间”，舞蹈句子中的时间可以理解为节奏或速度的变化。时间的变化要把注意力放在时间的长、短、快、慢上，产生一种适合表现的心理结构。[①] 因此，时间体现在动作的节奏上。节奏通常又被细化为极慢、慢速、中速、快速、极快。

“空间”又分生活空间、舞蹈空间、舞台空间。舞蹈空间里又分时间空间、状态空间、现实空间、心理空间、现实中的心理空间，心理中的现实空间。生活空间与舞蹈空间相对应，即生活中的空间，也是舞蹈主观认识和表现的对象。舞蹈空间既是舞蹈作品中的空间，也是舞蹈主观认识和表现生活空间的结果。舞台空间是连接生活空间和舞蹈空间的桥梁，既表现着舞蹈空间，也借生活空间的空间关系表现着舞蹈空间。[②] 而空间又体现在调度中，“换句话说，舞蹈调度不是一种动作形式，而是动作形式其中的一种品质：一种具有空间品质的动作形式。任何舞蹈动作都包含时、空、力这三种品质，但在表意之中又各有侧重，侧重于时、空、力之‘空’，也就是空间品质，就都具有舞蹈调度的意味，也就都是舞蹈调度。”[③] 因此，空间体现在动作中的形式为调度，任何的调度都存在于不同空间中。简单地说，如“手臂的摆动”“从蹲着到站起”“走到门口”等动作都占有了一定的空间，并在空间中划出了不同的路线。这种动作路线就被称为“调度”。

“力量”定义为肌肉紧张或收缩时对抗阻力的能力，人体具有重量和有支撑这种重量的某种肌肉，通过它来控制不同的力量属性，从而产生动作。[④] 通常，力量体现在动作的质感上，在时间与空间不改变的情况下，动作是“柔弱的”“坚定的”“强烈的”“颤抖的”，这些体现在情感带动的动作质感变化也被称为“力”的变化。任何动作都包含着时空力，它也可以解释动作、发展动作、分析动作。由此可见，时空力是蕴含在动作中的“理性”分子，在现代舞中更是要深入理解。课堂可以运用走、跑、停等简单的生活动作以及改变速度（节奏）、改变空间（调度）、改变外部环境与内部情绪（质量）为基础，在此基础上让表演者感受动作中的时空力，以训练表演者在不同环境下身体状态的改变，增强身体的敏感程度，从而创编感受练习：时空力训练（训练具有一定的即兴成分与随机性）。

时空力训练

此组合可不按节奏随机训练，如“行走”训练，主要目的是让表演者通过“行走”

---

① 刘雅．论舞蹈编创中的时·空·力[J]．大众文艺，2014（24）：156.

② 王玫．舞蹈调度的王玫研究[M]．南京：江苏凤凰文艺出版社，2014：378.

③ 王玫．舞蹈调度的王玫研究[M]．南京：江苏凤凰文艺出版社，2014：374.

④ 郭姗姗．“时、空、力”在舞剧《红梅赞》中的运用[D]．天津：天津音乐学院，2018.

这一个动作的调度、节奏、质感的改变分析动作的时空力，举一反三，最终理解时空力的概念并能够运用概念分析不同的动作。

一般先进行空间的训练，可让表演者在教室中自由行走，发出指令："走一个圈""走到角落"等，指令可随机更换，在训练中强调表演者要注意自身通过移动在空间中划出的调度，改变的空间方位以及占有的不同空间。

在空间训练的基础上，加入时间训练，首先让表演者继续自由行走，感受空间，其次，在此基础上发出指令："加速""快速行走""极慢速行走""奔跑"等，并可让不同的表演者用不同的速度行走。在训练中注意在速度的改变时节奏上的变化，以及不同速度的对比。

在时间与空间训练的基础上，加入力量训练。力量训练是通过不同的特定环境或不同的心理情绪来改变动作的质感。第一种，特定环境训练，发出指令如"在悬崖上行走""在沼泽里行走""在沙漠中行走"，等等。这些都是属于由于外部环境的变化影响了"行走"这个动作的质感，使其的"力"发生改变。第二种，内部情绪训练，发出指令如"喜悦""压抑""失落""激动"，等等。这些是由于内部情绪发生变化，由内至外影响了自身外部形态的"力"，导致其动作质感发生变化。在力的训练中要注意情绪与情境代入的真实感，感受动作的质感的变化。

5. 爆发力训练

欧汉·纳哈林被誉为当今世界上最卓越的现代舞编舞家之一，担任以色列巴希瓦现代舞团艺术总监。其创造的革命性动作语汇"Gaga"着重于探索感官与动作的关联，更让其作品充满惊人的能量及独特张力。此组合运用 Gaga 技术，结合专业特质进行重组与创编，训练在动作中的突然爆发，表现人类身体肌肉非常强烈的独特性。此组合要求表演者以自然、真实为主，不加任何修饰的情绪表达。通过学习，使表演者从另一个角度重新认识舞蹈，认识舞蹈所反映出来的人性、个性、独特性，学会关注自身、欣赏自己。

组合动作解析

准备：音乐前 47 秒为即兴舞蹈部分，可进行分组即兴。

1×8：双脚小八字位，双手自然下垂，低头。

2×8：1–4 双脚小八字位，往下蹲，膝盖分别对向八点和二点，手顺着大腿划向膝盖，身体微向前倾；5-6 半蹲状态下双腿和脚尖对一点方向快速并拢，手扶膝盖，眼视地面，上身微微向前倾，沉气；7-8 慢慢站直身体，同时右手顺着右腿外侧向上提，提到右侧肋的位置，手向上提的同时，提右旁腰（如图 2-2-22）。

3×8：1-2 身体面向一点，左腿往下蹲的同时，右脚三点方向向旁擦地。提左肋，同时左手往上提到胸的位置，向右下旁腰，右手顺着身体划向右膝盖，头对一点方向，眼视正前方（如图 2-2-23）；3-4 重心从左腿平移到右腿，右腿弯曲，左腿伸直绷脚，双手快速打开，向侧平举推出，手指向上，手心向外，眼视一点（如图 2-2-24）；5-6 左脚往后撤成左踏步，然后逆时针转一圈，转圈的同时双手抱头，小臂并拢，头低下，上身微微地往里收（如图 2-2-25）；7-8 手经下方打开至双手侧平举，手背向前，上身向前倾至与手持平，头看正前方。同时右脚弯曲，左脚绷脚伸直由前向后画圈（如图 2-2-26）。

4×8：1-2 左脚往后撤一步，双手交叉到胸前，左手在外，右手在里，掌心朝内；3 右脚往后撤至与左脚平行，双脚与肩同宽，双手打开至侧平举，手心向上，双脚和上身直立，身体面向一点，正视前方；4 不动；5-8 头从左往右顺时针方向转一圈。

5×8：1-2 右手从左往右，向七点方向顺时针划圆，重心移至右腿，右腿伸直，左腿弯曲向三点方向踢（如图 2-2-27）；3 双腿弯曲，左腿后踏步，身体面向一点，左手和头自然下垂，身体微微弯曲；4 身体经过七点方向向五点方向转身，双腿微蹲，同时右手手心朝上由下划到七点，之后双腿站直，重心移动至左腿，右腿绷直，脚尖点地，身体面向五点，同时手继续在七点划向头左上方，指尖对三点斜上位，手背朝上，头看左下方（如图 2-2-28）；5-6 右手指尖从上往下，从腋下向八点穿过，带动身体向右转向八点，手穿过后伸直，手背朝上平举。7-8 左腿绷直，左脚绷脚背，由三点向八点方向经过擦地小踢腿，同时右腿绷直往上小跳，空中的时候右手伸直对八点，身对八点，眼视八点（如图 2-2-29）。

6×8：1-2 落地，重心移至左脚，以左→右的顺序往八点方向跑两步；3-4 左腿继续上步，双手在头上盘手，手心朝上，同时带动身体向左从八点方向转到一点；5-8 双手放下站直，双脚正步站好。

7×8：1-2 面朝一点，左腿上步蹬地，同时右腿吸腿起跳，膝盖向一点方向，双手抱肩，左手在下，右手在上（如图 2-2-30）；3 落地，右腿向后踩；4 右腿蹬地起跳，左腿绷直，脚尖对向七点踢后腿至九十度，同时上身向三点方向转，双手伸直到头顶，左手向三点钟方向从前往后顺时针划半圆，右手向七点钟方向从后往前顺时针划半圆，眼视一点（如图 2-2-31）；5 左腿落在右脚前，双腿微微弯曲，双手自然下垂，眼视一点；6 右腿向七点方向绷脚盖腿，左腿伸直，上身抬起，双手从三点方向向上抬起往七点方向划圆；7-8 盖完后双腿弯曲，同时身体转向五点，双手继续从下经过三点方向往上划，最终左手朝天伸直，右手放在右肩前面，上身向前弯曲，低头。

8×8：1-2 双腿继续下蹲准备起跳；3 向右转身一个直腿小蹦子，在空中身对一点，双手抱头，小臂打开；4 落地回到五点，双腿弯曲，双膝对向五点，低头含胸；5-8 重心移至左腿，左腿弯曲，右腿伸直从七点到三点画圈，同时左手伸向地面，右手从下经过七点方向往上划立圆，身体前倾并向右转，经过下左旁腰立直（如图 2-2-32）。

9×8-10×8：重复 7×8-8×8 的动作。

（图 2-2-22）

（图 2-2-23）

（图 2-2-24）

（图 2-2-25）

（图 2-2-26）

（图 2-2-27）

（图 2-2-28）

（图 2-2-29）

（图 2-2-30）

（图 2-2-31）

（图 2-2-32）

（音乐选自：Ghymes 《Tanc A Hoban》）

6. 表演性综合练习

表演性综合组合是在每个训练组合的基础上加大难度，将呼吸、重心、时空力融合起来，达到对身体的强化练习，增强演员身体的可塑性。此组合主要侧重于舞蹈表演能力的训练，使组合不再作为单一训练，而是运用身体的表现力体会舞蹈中动作的情绪，将流淌的情绪融入优美的音乐，用四肢感受音乐，真正地舞蹈起来。下面进行原创组合训练：表演性综合练习。

6.1 组合动作解析

（音乐前奏为散板，要求表演者学会听音乐，根据音乐的呼吸完成动作）

第一句：

1 面向一点站立，右脚向一点方向走一步，同时右手由手肘带动伸直向上，抬头，眼随手动；

2 左脚向前走一步，左手由手肘带动伸直向上，保持抬头；

3 右手从上沿着身体滑到小腿外侧，左手仍在头的正上方，双腿跟随落下的手一起弯曲半蹲，向右下旁腰，眼视右手，头右转，自然垂下（如图 2-2-33）；

4 抬头望向二点方向，缓缓站直，同时左胳膊下沉，手心向下朝二点方向抚摸，慢慢放下；

第二句：

1 身体转向一点方向，右脚从一点方向伸出，经过三点和五点划两个半圆，第一个半圆划完后收回到原位，划第二个半圆时左膝盖同时弯曲，最后拐脚收到左脚内侧，收回的同时，左膝盖伸直。

2 右脚向四点钟方向出脚，右膝盖弯曲，成弓箭步，重心在右脚，出脚的同时，身体也转向四点钟方向，该动作留住身体，脚下先动；

第三句：

1 双手抱肩，左手在里，右手在外，抱肩的同时右腿吸腿，左腿站直（如图 2-2-34）；

2 右腿向前，膝盖弯曲，左腿伸直，成弓箭步，重心倒向右脚，双手由前平打开，分别打开至二点和六点，手心向下侧平举，上身四点方向前倾，低头看地面；

3 双手从下往上，从前往后划一圈半，双手第一圈的时候，右脚往后撤一步，划半圈时，右腿站直，左腿吸腿，双手划到头的正上方，头看上方，身体面向四点方向；

4 左脚在四点方向落地，膝盖弯曲，右腿伸直，成弓箭步，重心在左脚，双手垂到左腿外侧，身体向左下自然弯曲，头朝二点斜下位（如图 2-2-35）；

5 左腿慢慢站直，向左拧身，头转向一点方向，双手自然垂到身体两边，右脚慢慢收回；

第四句：

1 右脚向一点方向迈步，同时身体也转向七点，重心在右脚，头留在一点方向，左脚脚掌点地；

2 左脚脚尖向五点方向落下脚后跟，身体也转向五点，头最后转向五点，重心在左脚；

3 右脚往五点方向再走一步，变换到右脚重心，头留在五点方向；

4 左脚脚尖向一点方向落脚后跟，身体同时转向一点，重心在左脚，头最后转向一点；

5 右脚上步半个点步翻身，左手在胸前按掌，右手伸直（如图 2-2-36），右手拎至天花板时，直接转身对一点，右手伸直朝一点方向落下（如图 2-2-37），落右手的同时重心在右脚，左脚在前点地，身体面向一点站立。

（图 2-2-33）

（图 2-2-34）

（图 2-2-35）

（图 2-2-36）

（图 2-2-37）

1×8：1 左脚向前上一步，屈膝起跳，右脚经过擦地向前踢，起跳同时双手前平举（如图 2-2-38），一拍半时左脚单腿落地，右腿自然弯曲靠近左腿旁，双手收回至胸前；2 右腿朝三点方向二十五度踹出，带动身体向右脚方向移重心，同时右手从胸前由手肘带动向三点方向伸出，眼视右手方向（如图 2-2-39）；3-4 右手向下划，从七点至三点方向顺时针划立圆，上身不动，划至下面时小臂弯曲继续划至胸前，双膝快速弯曲，左腿向内扣（如图 2-2-40）；5 左腿脚后跟向七点方向擦出，右腿深蹲，向左推重心，同时双手向七点方向伸直，身体向右倾倒（如图 2-2-41）头转向右边，眼视地面；6 重心移动至左脚，右脚收至一点前点地，手拉回至左手在胸前，右手在右腰间的姿态上，手型自然放松（如图 2-2-42）；7 左腿弯曲，右腿由前画圈至后，右手平举由三点方向划至一点方向，左手收于左腰间，眼视一点；7 拍半时左脚向后撤，双脚立半脚尖重心移至左脚，右手收回至腰间，低头看地面；8 重复 7 的动作和 7 拍半的动作。

2×8：1-2 右腿后撤从蹲慢慢伸直，左脚前点地，左手向七点方向慢推，右手向上慢推，手心向外，左右手呈九十度，眼随右手的方向；3 左脚后撤，右手保持伸直向一点方向逆时针划一整圈，同时右脚向后经过擦地踢九十度，左脚半蹲蹬地起跳（如图 2-2-43）；4 左脚落地，右脚控制在九十度不变，右手经由一点向下，双手快速撑地，上身同时向下弯曲，重心移至双手，左腿蹬地，右腿借由上身向下的动势踢向空中，左腿屈膝，脚尖吸至右腿膝盖处（如图 2-2-44）；5 落地时双膝弯曲，左脚着地，右腿小腿迎面骨贴地，屁股坐在右腿上；6 上身由头带动直立抬起，头抬至天花板，双头自然向上伸出（如图 2-2-45）；7-8 双手继续向上延伸，下身不动。

3×8：1-2 右手掌心朝上，经三点向上划半圆，由指尖带动手臂经右肩下穿至地面，留住上身；3 左右手同时撑地面，朝向二点方向，在重心移到双手的瞬间，胯部上提，双腿伸直蹬地，绷脚（如图 2-2-46）。随后双手不动，双腿落地，双膝弯曲，胸贴大腿外侧，团身；4 右腿向四点方向伸直，重心移到左脚掌，屁股坐在左脚掌，同时右手曲肘至左肋前，左手侧平举，掌心向下（如图 2-2-47）；5 右腿伸直向左逆时针划至七点，上身右倾，划脚后双手撑三点方向，左脚在右脚快到位时拿起吸住右腿，抬起时重心在双手与右脚掌上，随后左膝盖向前转动，屈膝踩地；6 划完时转身对五点方向，头转向右脚的七点方向，勾脚（如图 2-2-48）；7-8 大腿内侧肌肉收紧，双手稍推一下地，左腿伸直时右腿经由脚后跟擦地，直腿向左腿靠拢，上身下右旁腰，跟随腿的伸直慢慢直立，同时头从七点看至五点斜上（如图 2-2-49）。

4×8：1-2 依然保持背身站立，左手大臂不动，小臂弯曲划逆时针立圆，从七点方向至三点方向，手背向外，眼看向左手；3-4 将 1-2 做一个倒带；5-6 向左转身至一点，重心在左脚，右脚踏步点地。右手缓缓向一点伸直抬起九十度，手背朝外。眼视一点方向，向远看。7-8 动作保持不变，手继续向前延伸。

（图 2-2-38）

（图 2-2-39）

（图 2-2-40）

（图 2-2-41）

（图 2-2-42）

（图 2-2-43）

（图 2-2-44）

（图 2-2-45）

（图 2-2-46）

（图 2-2-47）

（图 2-2-48）

（图 2-2-49）

（音乐选自：杨昊昆 《枫叶城》）

7. 把位练习

此练习是一个简单的双人托举练习，双人的搭配在呼吸、重心、感受以及对时空力的把握上都具有一定的难度，且作为最后一个训练，逐步开始强调配合。在现代舞中提前引入双人配合，让表演者感受双人动作，感受力与力的磨合、碰撞，在他们心中提前种下双人配合的概念。因此，这些把位十分重要，掌握它们更是必须要花费一定的时间。

现代舞课程结束后将会进入舞台形体技能的训练，舞台形体技能中有许多的双人合作，如抢救、击打、托、抱、抗等。把位练习则是对这些双人配合的提前铺垫。

此练习以空间分类，分为一度空间的低把位，二度空间的中把位，三度空间的高把位来进行双人配合的训练。通过编创简单的动作短句，其中包含低把、中把、高把，以及把位之间的连接动作，从而训练表演者学会借力上把，使力托举以及托举中的提气。

7.1 中把

此动作准备时，B 在二度空间，A 在一度空间，这是起中把位的准备动作。该动作要求 AB 相对，A 坐地左腿伸直，右腿弯曲，左手自然按于地面，右手与 B 右手握住，重心向后倾倒，将“力”卸给 B。B 站直，左腿在前，后腿在后，两人手臂自然伸直。(如图 2-2-50)

(图 2-2-50)

(图 2-2-51)

低把准备位时，B 用身体带动手臂发力，A 借 B 的力将重心移动到左脚上站起，同时右脚弯膝盖起跳，整个人动势向右肩后跃，右手穿过 B 的右肩，B 在 A 起跳的瞬间左手扶住 A 的右脚腕，右手搂住 A 的腰部（如图 2-2-51），A 切记，收紧腰腹，克服恐惧，在动作清晰的情况下全力向上跃起，B 强调把位准确，注意力集中。

7.2 高把

准备时，B 面对一点，膝盖微蹲，双手抱在 A 的后腰上，手心贴腰。A 站在 B 的右手边，面朝七点方向，左脚在前，重心在左脚，右脚在后点地，左手放在 B 的左肩膀上。

上把时，B 双手使劲，将 A 往左肩上送，同时双膝伸直，腰腹收紧。A 的上身向后倒，同时踢右腿，将右腿往 B 的左肩上送，同时向左翻身，左腿抬腿，打开双手。

最终，形成 A 的右腰卡 B 的左肩，右腿伸直朝地面方向，左小腿弯曲，脚尖朝斜上，脚背绷直，腰腹收紧，上身使劲抬起，双手打开，目视一点的动作。B 左手肘朝三点方向，大臂用力将 A 托住，右手帮忙托住 A 的上身（如图 2-2-52）。

（图 2-2-52）

第三节　流行舞训练

“流行舞”是一个与时俱进的舞蹈。在每一个不同的时代都会有较突出的、人尽皆知的舞蹈。它反映着每一个时代的不同特点，表现着舞蹈未来的发展趋势并且有自身的独特性。流行舞与其他舞蹈最大的不同就是它具有广泛的“传播性”，通过现在发达的网络，庞大的点击量会使一个舞蹈人尽皆知，但也是因为网络流量大的原因，一些舞蹈一时兴起却即时衰落，一浪接一浪，只有一些经典的、技术性较高的、具有时代代表性的“流行舞”能被舞者长时间练习、记忆。先前的流行舞，如“江南 style”作为流行舞的代表，在 2012 年 12 月 21 日 UTC15：50 左右，成为互联网历史上点击量超过 10 亿次的视频，成功打破了吉尼斯世界纪录，获得 YouTube 历史上最受人喜欢的视频称号；2016 年开始，抖音小视频等手机 APP 发展迅速，“流行舞”的传播也方便快捷起来。现当下流行舞中流传较广的有“海草舞”“开车舞”等。

舞蹈一直以来都是大众所选择的一种放松方式，而“流行舞”恰巧能满足大众的需求，更加“接地气”。流行舞一般会用最简单的动作直接地表达音乐，比其他需要大量技术性的舞蹈学起来快得多。“人人都能跳，人人都喜欢跳”，这是大众认可的“流行舞”观念，通过流行舞，让大多数没有舞蹈基础的人也能轻松进入舞蹈的世界，抛开生活中所有的杂念，只带着一颗纯净的心去享受舞蹈，因此，流行舞成为了大多数初学舞蹈的人的第一选择。“流行舞”也有进阶的训练方式，很多舞者不满于初级的基本舞步，对其进行改良使其升华。他们挖掘音乐更深的感情，用更多技术性的肢体动作来表达自己的情绪，让音乐与身体相互交融、刚柔并济。这类流行舞相对于大众流行的“海草舞”一类的舞蹈缺少了普及性，但适用于表演专业形体课教学。

流行舞训练能够加深表演者对于当下的流行元素认知能力，对演员肢体协调性和肢体开发更有训练意义，也更具有观赏性。同时流行舞对音乐与节奏把控的要求较高，表演者的思维不会局限于初始的舞蹈动作上，而是通过一系列新的肢体语言让演员对自己的身体产生新的认识并不断思考，进而真正地去理解音乐、认识音乐，感受音乐与舞蹈碰撞出来的各式各样的火花。

1. 活动

1.1 全身画圈放松练习

准备：身体直立，眼视一点，双腿与肩同宽。

1×8：低头，由顺时针方向转动脖子，经过一点到二点到八点。

2×8：做1×8的相反方向。

3×8-4×8：重复1×8-2×8的动作。最后一拍时抬头正对一点方向。

5×8：1-2手臂放松，两肩向前，往一点方向走，同时胸部微微向内含，保持直立的体态；3-4肩膀向上提；5-6肩膀向后划圆，到六点方向，胸部向前腆；7-8肩膀继续向下划圆，回正，身体直立。

6×8：重复5×8的动作。

7×8-8×8：重复5×8-6×8的反面。

9×8：1朝一点方向顶胸，同时提气，两肩膀向后靠（如图2-3-1）；2不动；3右肩向上抬起，左肩往下压，右旁胸往三点方向靠，微微吐气（如图2-3-2）；4不动；5含胸，两肩往前靠，吐气（如图2-3-3）；6不动；7左肩抬起，右肩往下压，左旁胸往七点方向靠，微微吸气（如图2-3-4）；8不动。

10×8：做9×8反方向。

11×8-12×8：重复9×8-10×8。

13×8：1朝一点方向顶胸，同时提气，两肩膀向后靠；2右肩向上抬起，左肩往下压，右旁胸往三点方向靠，微微吐气；3-4含胸，两肩往前靠，吐气；5-6左肩抬起，右肩往下压，左旁胸往七点方向靠，微微吸气；7-8回到一点方向顶胸，同时提气，两肩膀向后靠。整个八拍将9×8匀速的做一遍。

14×8：做13×8的反方向。

15×8-16×8：重复13×8-14×8的动作。8时双手叉腰，两脚并拢膝盖微屈。

17×8：1时胯由七点经过五点到三点逆时针画平圆（如图2-3-5）；2胯由三点到一点画弧线；3胯部带动腿，往八点方向出左脚，脚尖对八点，左腿打直，右腿微屈，左旁胯往七点方向顶（如图2-3-6）；4时不动。5-8做1-4的反面。

18×8：重复17×8的动作。

19×8-20×8：重复17×8-18×8的动作。8时两脚与肩同宽双手叉腰，两腿微屈。

21×8：1-4 右脚跟正对六点方向抬起，右膝弯曲（如图 2-3-7），膝盖由二点方向到七点方向逆时针画弧线，脚跟对五点方向放下，左脚跟正对五点方向踩地不变；5-8 做 1-4 的反面，左脚跟正对六点方向抬起换正对四点方向，脚掌点地，右脚保持不变，左膝盖由二点方向到八点方向逆时针画弧线，正对八点方向停住，随后踩下。

22×8：做 21×8 的反方向。3-8 时右脚跟正对四点方向抬起换正对六点方向，脚掌点地，左脚保持不变，右膝盖由八点方向到二点方向顺时针画弧线，正对在二点方向停住，随后踩下。

23×8-24×8：重复 21×8-22×8 的动作。全部统一在 5 时换腿。

（图 2-3-1）

（图 2-3-2）

（图 2-3-3）

（图 2-3-4）

（图 2-3-5）

（图 2-3-6）

（图 2-3-7）

1.2 手臂肢体协调训练

准备：5-7 双脚打开与肩同宽；8 时双臂抬起，手肘朝旁架起，小臂向内弯曲，双手握拳置于胸口，两拳约十厘米左右，手背朝上，眼视一点（如图 2-3-8）。

1×8：1 握紧拳头，小臂打开向旁打开至侧平举的位置；2 不动；2 拍半收到准备拍 8 时的位置；3 握紧拳头，双手平行向一点方向伸直，到前平举的位置，拳心朝下；4 不动；4 拍半收到准备拍 8 时的位置；5 双手握拳，向上伸直，拳心相对；6 不动；6 拍半收到准备拍 8 时的位置；7 双手往下伸直，手臂平行，拳心相对；8 不动。

2×8：重复 1×8。

3×8：由 1×8 的两拍一动改为一拍一动，1–4 做完 1×8 的动作；5–8 重复 1–4 的动作。

4×8：重复 3×8 的动作。

（每一拍到达每个点并收回到初始位置继续下一拍动作，手到达的八个点位叫八位，可灵活运用八个点位，可用不同的力度，可拆分双手的位置，用不同的节奏到达点位，进行手臂肢体协调训练，根据情况做 8 到 16 个八拍。）

（图 2–3–8）

1.3 腿部拉伸训练

准备：双脚打开马步准备，双手撑住膝盖（左手撑左，右手撑右），身体往前倾，手肘架起来（如图 2–3–9）。

1×8：1 双脚不动，右手手掌撑住膝盖不动，手臂伸直，肩膀往内扣，拉伸腰部肌肉，左肩膀和手不动。眼视一点（如图 2–3–10）；2–8 一拍一颤压肩膀拉伸。

2×8：保持 1×8 的拉伸位置静止不动。

3×8：1 右手肩膀回到原位不动，身体回到前倾自然位置，左手手掌撑住左膝盖，手臂伸直，肩膀往内扣，拉伸腰部肌肉，眼视一点；2–8 一拍一颤压肩膀拉伸。

4×8：保持 3×8 的拉伸状态静止不动。

5×8：1–2 左腿弯曲蹲下，左脚跟自然抬起，脚尖外开对八点，右腿向三点方向伸直，右脚勾脚。身体往前倾，眼视正前方，左手撑在下巴正对的地上，手指朝 3 点方向，右手撑右膝盖，手指朝一点方向，右手臂架起（如图 2–3–11）；3–8 一拍一颤向下蹲拉伸。

6×8：保持 5×8 的拉伸动作静止不动。

7×8–8×8：做 5×8–6×8 的反面拉伸动作。

9×8：1–2 重心换到左脚，左腿呈九十度，膝盖对七点方向，身体同时转向七点，腰部立直，右腿伸直，后脚掌撑地立起，双手手掌朝下，重叠撑在左膝盖上，左手在下（如图 2–3–12）；3–8 一拍一颤向下拉伸。

10×8：保持 9×8 的拉伸动作静止不动。

11×8：转身做 9×8 的反方向。

12×8：保持 10×8 拉伸动作的反方向。

13×8：1–2 上半身保持原先的动作不变，正对三点，右手小臂搭住右膝盖，指尖朝一点方向，右膝盖弯曲，夹角呈十五度左右，左腿小腿向上抬起，膝盖顶地，同时上身向三点方向前倾，左手向后去抓左脚，眼视七点（如图 2–3–13）；3–8 保持动作，将小腿尽量向身体拉，拉伸左大腿前侧肌肉。

14×8：1–6 保持 13×8 拉伸；7–8 左手松，左腿放下。

15×8：做 13×8 的相反方向。

16×8：保持 14×8 拉伸动作，直到第 8 拍结束。

（图 2–3–9）

（图 2-3-10）

（图 2-3-11）

（图 2-3-12）

（图 2-3-13）

1.4 原创流行舞 Lemon

（前奏）：

1×8：准备动作，头对三点方向平躺，右腿弯曲，膝盖朝天，双手手掌打开，右手放在肚子上，左手手臂伸直自然放在胯旁的地面，自然贴着胯放松（如图 2-3-14）。

2×8：1-7 继续保持造型不动；8 时右手向正上方伸出手臂到打直，手掌合拢，握拳。后脑勺离开地面，眼视右手，左手辅助撑在胯旁的地面。

3×8：1-7 腹部收紧，胸向上顶把上半身抬起垂直于地面，左手位置不动，右手手肘下沉收回胸前，脚和腿稳在原地不动。注意身体的延伸，力量是由胸把身体慢慢带起来的，头最后起（如图 2-3-15）；8 右腿向右倒下，膝盖尽量往三点方向，右腿右侧贴地，左腿弯曲大腿内侧贴地，双腿弯曲使右脚脚心自然贴近左脚膝盖，上半身身体向前贴近地面，双手手掌支撑在头两侧，手臂弯曲使手掌贴地，手肘架起，眼视五点方向（如图 2-3-16）。

4×8：1-2 时身体向上立，借助手的推力，身体由趴着的姿态到蹲的姿态（如图 2-3-17）；3-7 时身体缓缓立起，双脚自然行走向左转身到正面，头先找到一点方向，双手放松垂在两侧，与身体配合自然前后摆动；8 右手手掌向一点方向伸出，抓住想象中的东西，手臂伸直，握拳停住（表现出求而不得的心理状态）。

5×8：1-4 手指由大拇指依次缓缓打开，手心向上，感觉手里的沙子一颗一颗透过指缝滑落（如图 2-3-18）。

（主旋律，节奏快数一倍）：

1×8：1–2 左脚向前踩一小步。随后右手握拳从右上方举起向左下方锤，停在左胯前，左手握拳曲肘由左胯向右肩膀移动，停在右肩膀，含胸，上身向前弯曲。同时双腿膝盖弯曲，右脚脚跟抬起，右膝盖从三点方向左画弧到正对一点方向（如图 2–3–19）；3–4 时膝盖从一点再弹回三点，同时后脚跟放下，身体立起向五点方向倾斜，右手由右腰向上带动到肩，最后到手肘弯曲向后抽。左肩膀高，对七点，右肩膀低，对三点。左手抬起至一点斜上方，右手抽回握拳在右肩前，上半身面对二点，左腿抬起四十五度脚心对一点伸直并勾脚（如图 2–3–20）；5–6 保持姿势，左腿控制好，右腿微曲连续向上跳两下；7 时双手顺着两肩横向打开，左手二点方向伸直，右手举在五点斜上方，手肘下沉，手臂弯曲呈九十度，手掌放松。随后，双手拳头握紧用手肘的力量向一点方向的甩直，顺着力打成双手交叉，右手在上。同时身体转向一点，左腿依旧不着地，转成左前腿，膝盖微向上顶（如图 2–3–21）。8 时左脚七点方向落地，双脚与肩同宽。

2×8：1 双膝直立，双手手臂向下打直手自然握紧放在胯两旁，拳眼正对一点，双手小臂平行，先逆时针画立圆，重心移至左脚，身体对一点。随后手臂由下到左上四十五度停住，同时双膝弯曲，右脚后跟抬起，脚尖点地的同时膝盖弯曲，膝盖向七点方向拐，沉气，头对一点方向（如图 2–3–22）；2–3 重复上个八拍的 8 和这个八拍的 1 的反面；4 时不动；5 时左腿抬起往一点方向上步，脚尖正对一点。左手手臂伸直平举由三点方向平划至一点方向（如图 2–3–23）；6 时左手不动，右手跟上左手，握拳平举从三点向左划至七点，与左臂交叉，右脚顺力往八点方向踩，超过左脚（如图 2–3–24），随后，身体由正对前方左转到五点方向；7–8 左脚脚后跟带着小腿勾起，右脚脚掌转动，左脚落至一点方向；身体转至三点。左手手掌自然张开手臂平行于地面，手肘弯曲，手背放在右腋下。右手冲一点方向指出，食指伸直，其他手指握紧，手背对三点，眼视一点（如图 2–3–25）。

3×8：1 左脚向一点方向上步，重心向左脚移动，右脚脚掌点地，身体面向不变，双手向一点方向斜上方四十五度伸出，手掌相对，呈打开状态，眼视一点斜上方（如图 2–3–26）；2 时小臂折回，双手收到肩膀前，两肘打开至二六点，平行于地面，两手腕向内折叠，五指弯曲呈爪子形状，指尖碰肩膀。小臂在大臂上方，与大臂夹角四十五度，身体重心不变，双膝微屈，吐气（如图 2–3–27）；3–4 时重心移动至两脚之间，双膝弯曲，身对二点方向，眼视一点，同时双手指尖贴着肩膀下划，落至胯旁，随后五指张开，手心朝前打开，手臂伸直抬起与身体夹角四十五度，手臂分别对四八点，同时胸部向前顶出（如图 2–3–28）。该动作强调点与力度，要一拍完成；5 时右脚向六点落地，两腿弯曲，重心向后移动，双手保持位置，身体往后倒伴随着呼吸，呼气胸部往里收，肩膀往前夹；6 时左脚在前立半脚掌，重心移动至左脚，吸气胸部顶起，两肩膀往后打开；7–8 重复 5 的动作。

4×8：1 时左手手肘向上提，手心朝后与胯平齐。身体朝向一点方向，同时左腿向前抬起平行至地面，膝盖弯曲，小腿垂直地面，眼视一点方向；2 时左手手肘带动向左腰旁收回，手心转动至上，握拳，大臂与小臂呈九十度，同时身体向左下旁腰，左腿落至右腿后（如图 2–3–29）；3–4 时做 1–2 动作的反面，身体朝向二点方向，眼随右手；5 左脚向一点方向上步，重心移动至左脚，身体对二点，面向一点，双手交叉，手臂伸直，右手手臂在上，手臂与地面平行；6 时右脚向上跟一步，重心移动到两腿之间，手肘带动向三七点打开，两个大臂平行呈直线，小臂弯曲，与大臂呈九十度垂直地面，双手张开，手心相对，微微低头；7 时身体对二点，面向一点，向一点方向斜上方伸直手臂，手心向内。用腰部的力量将上半身往一点方向斜上方送，同时小臂用力向斜上扔。重心移动至左脚；8 时将两只手臂拉回来，身体也稍微往后靠。

5×8：1 时右手向三点斜下方伸直，左手向上方伸出。随后右手手臂对折向旁抬起，手臂平行于地面，右手肘从三点斜下方四十五度往上抬起至九十度。左手手臂对折向下压至左腰处，双手握拳。重心下沉。同时右脚往三点方向横向跨出，左脚微离开地面，双腿屈膝，头转向右边（如图 2–3–30）；2 时重心踏回左脚，左腿伸直，右膝提起九十度，小腿下垂，膝盖对一点方向。手臂对折抬起两个小臂呈一条直线，手臂平行于地面，握拳相对，身体对一点；3–4 时手肘向腰夹，双手保持位置不动，五指张开，手心相对，指尖对一点斜下，右脚放下踩地的同时双脚跳起（如图 2–3–31）；5–8 做 1–4 的反面。

6×8：1–2 时左腿伸直抬起四十五度，对八点方向斜下，勾脚。重心在右脚上，右腿向上单脚跳两下，不讲究高度，讲究“弹”。两臂侧平举起，双手轻轻握拳，右手小臂向上弯曲，拳心对右太阳穴，左手对七点方向，拳心朝下，眼视一点方向，身对一点方向（如图 2–3–32）；3–4 时重复 1–2 动作的反面，换左脚起跳两下；5 时右脚落地，右腿弯曲，上身动作、左脚与 1–2 时的造型一样；6 时弹起换左脚落地，动作与 3–4 时的造型一样。在造型基础上，左腿屈膝加深蹲的幅度，同时加大整个动作幅度，左手往上伸直抬起到贴耳朵，手心向外。右手臂落下，垂直于身体后（如图 2–3–33）；7 时快速收将右腿收回，同时左膝盖伸直，双腿并拢站立。两只手臂快速收回到自然下垂。身对一点方向，眼视一点方向；8 时不动。

7×8：1–2 时整体动作身对八点方向，眼视一点方向。双臂抬起，手肘弯曲，小臂向内对折，呈一条直线，右手手肘对二点方向，从下四十五度抬到九十度。在抬起九十度时，左手手肘对六点方向，从九十度到四十五度往下压。动作时双臂始终保持为一条直线。同时右脚往二点方向横跨出，脚尖对一点方向，双膝微屈（如图 2-3-34），该动作撑满节奏；3-4 重复 1-2 动作的反面；5-6 重复 1-2 时的动作，加重力度，在右臂抬至九十度时，手肘向外连续顶两下，同时左臂向下连续压两下；7-8 重复 5-6 的反面。

8×8：1 时右手向一点正前方指出，手肘朝下，食指指出一下，再弹回来；2-8 脚下自由调整位置，最后左脚抬起往后收到右脚后方，身对一点方向，眼视一点方向。

9×8-10×8：该两个八拍为 freestyle，演员随着音乐感觉，自由地即兴舞蹈。

11×8：1 身体瞬间伴随胸部的往前顶发力，双脚自然站立，两脚距离与肩同宽；2-4 身体同时向左拧至七点方向，同时右腿单腿跪地，含胸低头，双手抱住左腿膝盖，左腿膝盖紧贴胸部（如图 2-3-35）；5-8 由背部向上发力带动上半身拧回一点，同时站起，双膝伸直，身对一点视一点。

12×8：1-4 手掌撑开，手心朝一点方向，双手从胯的两侧笔直伸出，向上延伸，其他部位不动；5 右手握捶胸，手臂折叠至右胸前，手心朝自己，上半身弯曲至四十五度，头低下；5 拍半左手握拳收回与右手一致，左手手心正对左胸。脚不动（如图 2-3-36）；6 保持不动；7 时左右手臂打直在身体两侧从五点向一点划弧，右手逆时针，左手顺时针，左手比右手慢半拍，类似自由泳。右手向前划时，右脚勾脚往前踩，脚后跟点地，随后左手跟上向前划，左脚勾脚往前踩。上身前倾，臀部往后坐（如图 2-3-37）；8 时右脚向后撤步收回，左脚跟上收回，左脚比右脚慢半拍，同时上身前倾，两脚站开，双膝微屈，手收回小腹前。低头，目视地面。

13×8：1-2 双手握紧拳头收到胸口，左手压在右手上，两手臂折叠在身体两侧与身体夹角四十五度，手心对胸口，贴紧身体。上半身保持 12×8 的 8 时的造型，保持低头，双腿配合上半身往下蹲两次，要有顿点；3-4 身体再次点两次，手臂向身体两侧下方四十五度伸直，手掌打开正对一点（如图 2-3-38）；5-7 手保持住，肩膀由一点到五点划上弧线，顺序是左右左，最后一下左肩膀划到自然展开。脚下动作为右脚用脚尖向四点方向点地，放下脚跟。随后，左脚尖往六点方向点地，右脚再次往五点点地。退一次脚同时动一次肩，身体重心缓慢往下（如图 2-3-39）；8 左脚收回，稳住。

14×8：1 右手抓向八点方向，手臂打直向八点方向，左脚往八点方向踩一小步，上半身正对八点，身体重心往八点移，视八点（如图 2-3-40）；2 右手握拳，手臂弯曲收回到胸前抬平，身体拉回正面，左脚收回（如图 2-3-41）；3-4 重复 1-2，出左手时，右手收回保持不动（如图 2-3-42）；5-6 左手握拳，手臂弯曲收回到胸前与右手呈一条直线，重心收到中间，上半身挺直，同时向左旋转一圈到正对一点。右腿单腿跳跃两次，左腿抬膝大小腿呈九十度（如图 2-3-43）；7 双脚踩开与肩同宽，双臂打开伸直，双手握拳于身体两侧。身体保持直立，视一点；8 不动。

15×8：1-2 左手手肘向七点发力往上提，带小臂起，手从握紧到张开，手心朝上，其他部位保持住，眼随左手（如图 2-3-44、2-3-45）；3-4 做前两拍动作的反方向；5-6 手心张开，收手到脸前，手心朝上，手臂弯曲，小臂之间夹角四十五度，低头看手，上半身前倾含胸（如图 2-3-46）；7-8 两手向下伸直，随后向旁打开划过侧平举的位置，再向上伸直到头顶，五指张开，手心向上，眼神经过一点向上看。两腿随着抬手站直。

16×8：1 双手握拳，手肘向下发力，手背朝一点方向，小臂收到胸口，大臂贴紧身体，腿弯曲半蹲，面对一点；2-3 胸口往一点斜上顶做一个 wave（如图 2-3-47），腿配合身体，胸往上时腿稍微伸直，胸往下变为半蹲；4 胸往一点斜上顶停住，腿也停在稍往上打直状态，其他部位不动；5-6 两次往下蹲，同时上身往一点方向撞两次，要有顿点，核心收紧，胸往里收（如图 2-3-48）；7 时双手手掌打开，双手从下伸直到旁停住，身体保持在半蹲状态，上半身含胸并往前倾，眼视地面；8 不动。

17×8：1-2 身体稍蹲，手握拳，放胸前，手心朝下，手肘架起，上半身保持不动。双脚交叉，先右脚在前，脚跟着地脚尖立起对八点方向，左脚在后，脚尖着地，左脚与右脚脚尖的方向一致（如图 2-3-49），再用腰力把双脚正对方向拧至两点方向（如图 2-3-50）；3-4 双脚跳起交换位置，再做上两拍的反方向，上半身保持不动；5-6 上身往右旁微倒，小臂展开往身体两侧斜下方伸直，双手手掌张开朝斜上，左脚朝七点抬起四十五度，勾脚踢两下，右脚在地面站直（如图 2-3-51）；7 往七点跳，并脚，双手手背沿着身体两侧放至自然下垂，身体立起对一点方向，眼视一点；8 稳住不动。

18×8：1-2 左脚往六点方向退一步，带着身体重心往后移，上半身转向八点，视一点；3-4 右脚脚后跟抬起，膝盖往里收，双腿往下蹲，上半身微倾，右手手掌打开，在右膝盖上方跟着膝盖由二点方向往七点方向移动，视线由一点往左下看，头顶正对七点方向（如图 2-3-52）；5-6 左脚往两点方向右脚后踩，上半身此时不动，头回一点。同时右手打开，手背对八点方向，由下往两点方向上方伸直划弧线（如图 2-3-53）。随后右脚往两点方向踩，之后身体立起，抬头正视一点；7 时左脚再往八点方向踩，此时两腿与肩同宽，身体呈正常站立，双手打开至身体两侧斜下方，手心向上；8 保持不动。

19×8：1-2 左脚往八点方向踩身体往下蹲起两次，有顿点。手臂弯曲折叠抬平于胸口握拳，用手肘往上顶两次。身体朝八点方向，眼视一点（如图 2-3-54）；3-4 同上两拍反向，头随身体转动；5-6 朝八点伸直左手，手掌打开正对二点，左脚往八点走一小步，身体正对八点，双腿微屈。随后朝二点方向伸直右手，手掌正对八点，右脚往二点走一步，身体正对一点；7 双手握拳收到胸口，手心朝下，手肘抬平，正视一点（如图 2-3-55）；8 不动。

20×8：1-2 左手往下伸直划个弧线经过七点抬起（如图 2-3-56），手肘成九十度，小臂朝上，右手自然下垂。同时左脚往七点方向走一步，重心移到左脚；3-4 左手打响指，手心向内，小臂往七点方向弹一下，同时右脚抬起到左脚旁，点地跳，落地两脚自然合拢。跳起和落地都注意右肩膀稍往下，左肩膀稍微往上（如图 2-3-57）；5-8 做 1-4 动作的反方向。

21×8：1-2 右手握拳，手臂打直往左胯前方抓住，手心朝胯，左脚往八点方向走一步（如图 2-3-58），随后右手打开，手臂由上，沿着八点到四点划弧线，划手时向八点方向下左旁腰，左腿由站直到蹲，与手的发力配合，动作面朝两点，眼随手动。甩开后右手放在腰后侧，身体正对一点（如图 2-3-59）；3-4 反方向，身体面向一点；5 双脚起跳至交叉，右腿在前，腿弯曲，右脚脚尖对两点，左脚对八点，身体压低对二点，右手伸直由一点向上往四点甩，左手手肘定在胸口，小臂与右手平行，两手手臂平行，一起甩到左手伸直，双手处于自然下垂状态（如图 2-3-60）；6 双脚跳回与肩同宽，膝盖弯曲准备发力；7-8 与上两拍反方向。

22×8：1-2 左手手肘正对七点，小臂抬平放于胸前，右手放松张开，手臂通过在胸口顺时针画圈打两下，第一下是轻的小圈，第二下是打出去的大圈。同时身体正对八点，右脚往三点踩，随后换左脚点下地。最后右脚重踩，身体往下压，重心在右脚，左脚膝盖抬起，手和脚同步配合（如图 2-3-61）；3-4 脚步相反，右手经过一点往后收，背起来，左手小臂抬平放于胸前，重心相反，身体保持压低（如图 2-3-62）；5-6 右腿伸直往三点方向迈步，立半脚尖，重心往右移，左脚脚尖在地上拖动往左后踏步放。左手手臂伸直向前抹开，手心朝下。右手从身后拿出，手肘正对四点方向，小臂抬起与大臂呈四十五度，身体立起（如图 2-3-63）；7-8 右手伸出抓向两点上方后握拳，手臂微曲，随后手肘带动收回至右腰旁，小臂与地面平行，手心朝上握拳。同时左手收回至身后背手，全身力量紧绷，含胸。左脚收成后踏步，身对一点，视右手（如图 2-3-64）。

23×8：结尾，用腰部力量带动身体往左转身至五点，眼神放远望左上，慢慢转身，右手缓慢摊开。

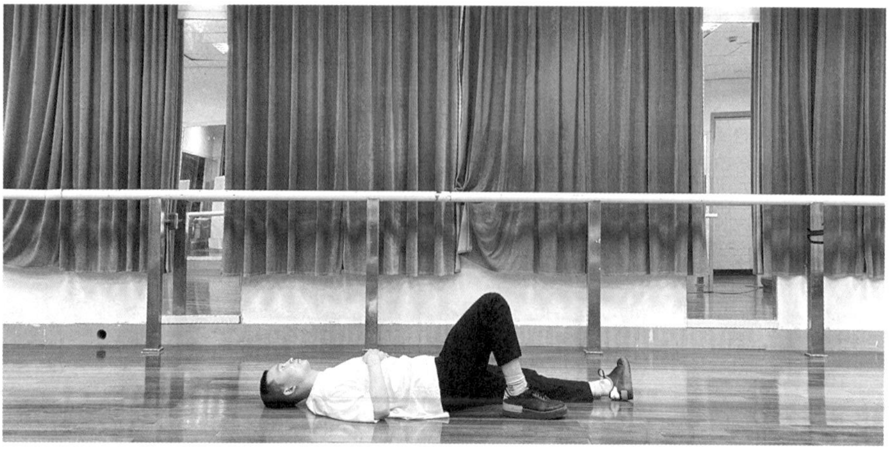

（图 2-3-14）

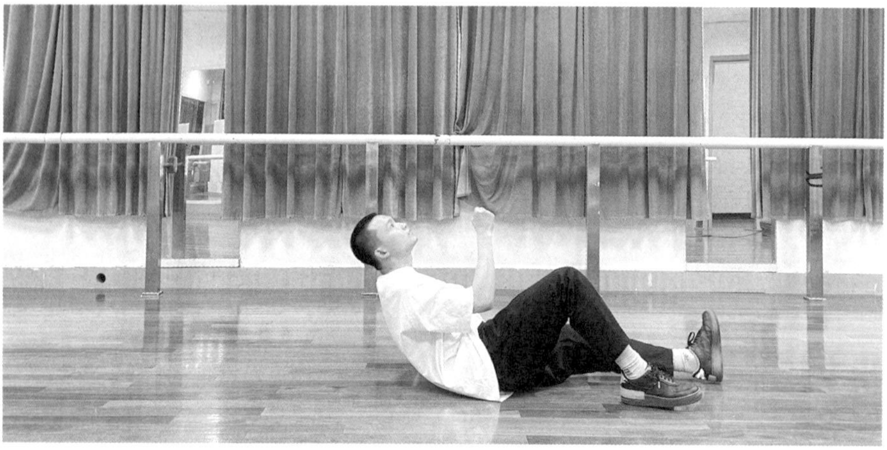

（图 2-3-15）

（图 2-3-16）

（图 2-3-17）

（图 2-3-18）

（图 2-3-19）

（图 2-3-20）

（图 2-3-21）

（图 2-3-22）

（图 2-3-23）

（图 2-3-24）

（图 2-3-25）

（图 2-3-26）

（图 2-3-27）

（图 2-3-28）

（图 2-3-29）

（图 2-3-30）

（图 2-3-31）

（图 2-3-32）

（图 2-3-33）

（图 2-3-34）

（图 2-3-35）

（图 2-3-36）

（图 2-3-37）

（图 2-3-38）

（图 2-3-39）

（图 2-3-40）

（图 2-3-41）

（图 2-3-42）

（图 2-3-43）

（图 2-3-44）

（图 2-3-45）

（图 2-3-46）

（图 2-3-47）

（图 2-3-48）

（图 2-3-49）

（图 2-3-50）

（图 2-3-51）

（图 2-3-52）

（图 2-3-53）

（图 2-3-54）

（图 2-3-55）

（图 2-3-56）

（图 2-3-57）

（图 2-3-58）

（图 2-3-59）

（图 2-3-60）

（图 2-3-61）

（图 2-3-62）

（图 2-3-63）

（图 2-3-64）

（音乐选自：米津玄师 《Lemon》）

第三章

舞台形体技能

舞台形体技能是形体课的第三部分。在经历形体基本功与现代舞与流行舞后，演员对于自身肢体的认识不断加深，基本可以通过自己的意识带动肢体进行较为真实的表达。舞台形体技能是一门实战性的课程，对肢体的要求较高，要求演员在不同的情景下通过肢体做出合理的反应。课程主要以“情境规定性动作”为载体，通过掌握生活中常见的戏剧动作表演技巧，引导表演者学习戏剧作品中常见的形体动作，理解表演时的动作与生活中的动作的区别，达到能够在规定情境中完成动作表演。

第一节　规定情境动作练习

1. 摔

摔倒在戏剧表演中可谓“必修课”，也是带有一定危险系数的动作。演员在表演中往往不是真实的摔倒，必须通过反复的练习，掌握摔倒的技巧，在保证自身安全的条件下，达到既不受伤、减少疼痛又不失真实的效果。

1.1 软摔

（一）做法

第一步：准备，双手侧平举，右手小臂向胸前扣回，双手手心向下，双腿打开与肩同宽，身对一点，视一点（如图 3-1-1）。

第二步：双手同步，经过上方向右侧划立圆至左斜下方，头经过抬头——向右倒头——向下低头，同时重心移动至右脚，左脚微微屈膝离地（如图 3-1-2）。

第三步：左脚脚背着地，以左侧的小腿外侧—大腿外侧—胯部—侧旁腰依次与地面接触倒地，手臂伸直，头枕于手臂上（如图 3-1-3）。

（二）要求

注意重心的移动，在膝盖弯曲落地时强调放松且真实，顺着倒地的动势由不同的身体部位依次接触地面，切记要放松，不要硬倒，且都以外侧着地，以防膝盖磕伤。

（图 3-1-1）

（图 3-1-2）

（图 3-1-3）

1.2 硬摔

第一种：向前扑倒式

（一）做法

第一步：准备，双手手肘处弯曲向上折叠，手心冲前放至两肩前，面向软垫（如图 3-1-4）。

第二步：全身绷紧立直，重心向前倾倒，双手微微伸直，倒向地面。

第三步：双手接触地面时，借力弯曲，身体绷直接触地面（如图 3-1-5）。

（二）要求

注意手臂与地面的接触，在手撑到地时一定要顺着动势弯曲手肘，不能与地面对抗。向前倒时上身保持收紧的状态，膝盖一定不能弯曲，胯部收紧且不可往前顶，以防下巴磕碰。

（图 3-1-4）

（图 3-1-5）

第二种：侧旁倾倒式

（一）做法

第一步：准备，双手侧平举，左手小臂向胸前扣回，双手手心向下，双腿打开与肩同宽，身对一点，视一点（如图 3-1-6）。

第二步：双手同步，经过下方向左侧划立圆至右斜上方，同时重心移动至左脚，右脚从左脚前七点方向伸直出腿，同时左腿弯曲下蹲。

第三步：上身向右侧倒，在倾斜中绷直，右腿保持伸直，在左腿蹲到极限时倒向地面，身体保持直板状态，以右侧的胯部→侧旁腰依次与地面接触倒地，手臂伸直，头枕于手臂上（如图 3-1-7）。

（二）要求

注意主力腿的蹲，在倾斜的过程中蹲得越深，上身离地面的距离就越短，接触地面的撞击力就越小。切记在倒地时要收紧全身，尤其脖子，不要在过程中转身，头枕于肩膀之上，以防受伤。

（图 3-1-6）

（图 3-1-7）

1.3 枪击情境练习

（一）做法

当软摔与硬摔练习掌握后，加上规定情境练习是必要的。一般练习需要分为三个部分：中弹练习，中剑练习，中箭练习。枪弹、剑、箭是现下较常见的武器。

在练习时需注意四点：1. 中弹讲究受到击打后寸劲的把握；中剑讲究持续性，中箭的寸劲又比中枪大一些。因此需要进行较长期的练习，找准受到不同道具攻击时的状态。2. 需要根据武器的发射方向，来判断受伤后较为合理的倒地方向。3. 根据受伤的部位来选择合理的倒地方式。4. 如果是好几个地方依次受伤，需要根据受伤部位的疼痛感来作出反应，如腹部中枪不至于立刻死亡、太阳穴中枪即刻死亡、动脉受伤大出血导致倒地后的抽搐。这些都需要根据常识判断，作出合理的反应。

（二）要求

在做练习前可模仿一些经典中枪片段，找到大概感觉，再进行练习。每一种练习都需要层层递进，考虑多方面因素，如中弹倒地，不同部位中弹倒地，规定角色下的中弹倒地，在中弹后添加台词等。从基础练习做起，熟练地掌握不同情境下受伤的反应。

2. 爬行

在一些特殊题材或一些特殊场景下需用到爬行，表演者应掌握爬行的要领。除了动作正确，在爬行中速度的把握更是需要一定的协调能力。在练习时因肢体与地面有着较多的摩擦与接触，最好身着长袖长裤，做好一定的保护措施，以免擦伤。

2.1 侧卧式爬行（两面相同）

（一）做法

第一步：准备，身体右侧着地，右手手肘撑地，上半身抬起，左手手掌撑地，目视正前方。左腿屈膝，脚掌着地，右腿伸直外侧着地（如图 3-1-8）。

第二步：启动，向前爬行时左脚脚掌发力向后蹬地伸直，带动右手手肘向前平移，同时右腿弯曲向腹部收回。

第三步：右腿发力向后蹬地伸直，带动右手手肘向前平移，同时左腿弯曲向腹部收回，左右腿重复交替向前爬行。

（二）要求

运动时注意要全身肌肉紧绷，匀速调整呼吸，注意左右腿与手的配合交替前进，注意右手与地面接触时要提气，避免手肘擦破。可结合命题，如扔手榴弹，单腿受伤等，通过不同的情境训练演员的爬行。

（图 3-1-8）

2.2 前卧式爬行

（一）做法

第一步：准备，正面趴在地上，抬起头向前看，伸出左手握拳，左小臂弯曲九十度放在面前，右臂同理放在后面，间隔约二十到三十厘米。屈回右腿九十度做好蹬地准备，左腿伸直（如图 3-1-9）。

第二步：启动，右腿蹬地伸直，伸出左手，用右腿和左臂的力量使身体前移，同时屈回左腿，伸出右手，再用左腿和右臂的力量使身体继续前移，依此法交替前进。

（二）要求

运动时注意要全身肌肉紧绷，匀速调整呼吸，利用四肢接触地面交替前进，考验了四肢的协调和力量，要注意做好防护措施，避免膝盖磕伤。

（图 3-1-9）

3. 抢救

抢救无论是在话剧舞台或是影视剧中都较为常见，是演员必须掌握的一门技术。抢救一般分为五大类，分别是抱、托、背、扛、举。与现实中的抢救不同，表演中的抢救两人需进行巧妙地配合，达到既在最大程度上减少抢救一方的负重，又能以最快的方式将对方拉起，同时能够展现表演中真实的效果。

3.1 抱（两面相同）

（一）做法

第一步：准备，被抱者躺在地上放松状态，抱的人站在被抱者的侧面（如图 3-1-10）。

第二步：抱的人将被抱者放为平躺状态，将其双腿弯曲（如图 3-1-11）。

第三步：抱的人双膝弯曲下蹲，用右手拉起被抱者左手，将手从后环在自己脖子上，被抱者随之上半身坐起（如图 3-1-12）。随后抱的人左手扶住被抱者的腰，右手托在被抱者的膝盖下方，将她抱起来，站立（如图 3-1-13）。

（二）要求

躺地的人一直是被动状态并在外在放松的状态下从内部收紧身体，尤其被拉起时要收紧中段，被抱起时也要提气，切记要保持自己虚弱或昏迷的表演状态，不要主动伸手。

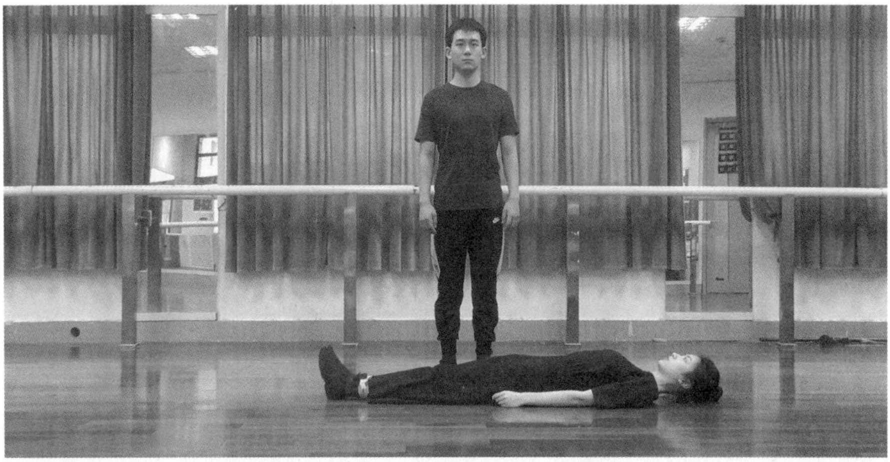

（图 3–1–10）

（图 3–1–11）

（图 3–1–12）

（图 3-1-13）

3.2 托

第一种：

（一）做法

第一步：准备，被托者以任何姿势自然放松地躺在地上。

第二步：托的人将被托者调整为平躺状态，然后下蹲将其双腿弯曲，拉起被托者的双手。

第三步：托的人将被托者拉起，面向被托者，用自己的肘关节架在其腋下托着他倒退着行走（如图 3-1-14）。

（图 3-1-14）

（二）要求

被托者在站起来时，在状态不变的情况下向两旁打开双手，以保证托的人双手能够穿插至被托者的腋下，被托者虽是放松状态但仍要提气，并非完全放松，尤其在被拉起时和被托的过程中要提气。

第二种：

（一）做法

第一步：准备，被托者以任何姿势自然放松地躺在地上。

第二步：托的人将被托者调整为平躺状态，然后下蹲将其双腿弯曲，拉起被托者的双手。

第三步：托的人将被托者拉起的同时将其一只手搭在自己的肩膀上，并从后搂住他的腰或肩，托着他走（如图 3-1-15）。

（二）要求

被托者虽是放松状态但仍要提气，并非完全放松，尤其在被拉起和托的过程中要注意与托的人配合。这种方法一般用于被托者还有意识的情况之下，如喝醉、受伤、虚弱，等等。

（图 3-1-15）

3.3 背

（一）做法

第一步：准备，被背者以任意姿势放松的躺在地面。

第二步：背人者站在躺地的人侧面，将躺地者放为平躺状态，下蹲将其腿弯曲，然后拉住双手。

第三步：拉起躺地的人，此时背人者快速转身背对对手，屈膝尽量下蹲，被背者将身体向前倒，双手穿过背人者的肩膀后趴到他的后背上（如图 3-1-16）。背人者在向前弯腰的同时双手托住对方大腿，站起。

（二）要求

躺地者是在放松的状态，但不是完全的放松，在被拉起的时候需要用力，趴向背人者的背部时身体要主动。

（图 3-1-16）

3.4 扛

第一种：

（一）做法

第一步：准备，被扛者以任何姿势躺在地上。

第二步：扛的一方将被扛方调为平躺状态，将其双腿弯曲，拉起被扛者双手。

第三步：扛的一方将被扛者拉起来，随后下蹲，拉住被扛者双手甩在自己另一边肩膀上，将被扛者打横环在自己脖子上，站起（如图 3-1-17）。

（二）要求

被扛者虽是放松状态但仍要提气，并非完全放松，在被拉起时找准方向，双手往对方肩上趴。

（图 3-1-17）

第二种：

（一）做法

第一步：准备，被扛者以任何姿势自然轻松地躺在地上。

第二步：扛的一方将被扛方调位平躺状态，将其双腿弯曲，拉起被扛者双手。

第三步：扛的一方将被扛者拉起来，下蹲，抱住被扛者大腿部分，将被扛者上身放过肩膀，站起（如图 3-1-18）。

（二）要求

被扛者虽是放松状态但仍要提气，并非完全放松，在被拉起时往对方的肩上趴。

（图 3-1-18）

3.5 举

（一）做法

第一步：被举者自然放松平躺在地面上，双腿自然打开，双臂与肩膀平行，进行托举的人分别位于被举者左右臂和左右膝的位置。位于右臂的人，左手抓住被举者的手腕，右手放于被举者的肩胛骨处，另一边同理；位于右膝的人，左手按于膝关节，右手抓住小腿后侧，另一边同理（如图 3-1-19、3-1-20）。

第二步：举的人呈半蹲姿态同时发力进行托举，方向朝上，举至头顶，手臂自然伸直。被举者腰腹用力收紧，四肢绷紧（如图 3-1-21、3-1-22）。

（二）要求

举的人注意手的位置以及准备进行托举时的半蹲姿势，便于发力。发力时注意一定要同步。被举者被托起时，注意自身的腰腹要用力收紧以及四肢保持正确的姿态。

（图 3-1-19）

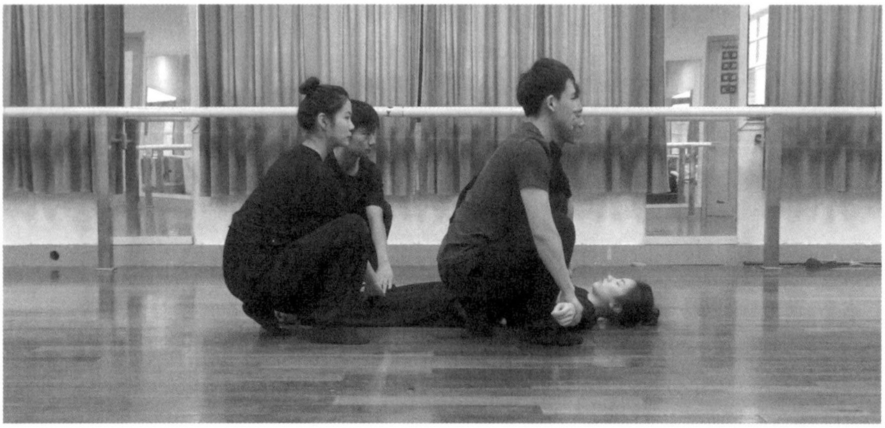

（图 3-1-20）

（图 3-1-21）

（图 3-1-22）

4. 打耳光

在表演时，常常遇到打耳光的情况，虽在一些情景下需要真实地打耳光，这样更真实，也能达到预期效果，但一些情况下还是采用假打的方法。因此，要求表演者大量的练习，掌握基本的方法并配合得尽量真实，以便使用。

（一）做法

准备，两人面对面站好，扇打者注意与被扇者的距离，扇打者在抬右手扇打的同时，被扇者双手在下击掌并迅速将右手捂在自己的左脸上同时头偏向右边一侧。左手反之（如图 3-1-23、3-1-24）。

（二）要求

扇打者与被扇者要注意两人之间的距离，不可太近也不可太远。另外这也是一种同点配合，两个人要把握好节奏，且在做这一技术时要加入情绪，被扇者在被打后要作出一定反应，两人不可面无表情。

（图 3-1-23）

（图 3-1-24）

5. 格斗

在舞台上，打不是真打，但一定要追求真打的效果。格斗最少两人进行配合，强调同点配合，需表演者反复的训练，才能真正把握好力度的轻重、距离的远近、空间的掌握、心灵的感应，最后呈现出设计好的动作，达到以假乱真的效果。目前打斗分为躲与打、挡与打以及反击练习，以这三个部分为重点进行系统教学。

5.1 躲／打

躲与打属于双人不接触练习，是格斗中最简单的、易掌握的，躲的人注意力需要集中，需看清打人者的起势，在起势中作出反应，不可在打人者的动作未做时作出反应，如果提早预知了动作，会让表演显得“假”；打的人需要注意起势放大，才能给躲的人信号。打的方向不可太偏，要克服心理恐惧向躲的人正面打去。打的力度要从发力到收力，控制好自身力度，一旦失控，容易造成受伤。

以下是训练中几个常规的基本动作，如两人面对面，一人出拳，一人以侧身的方式避开（如图 3-1-25）；又如一人弯腿提膝，一人向旁侧身闪躲等。第二步，躲的人可以举一反三，面对挥拳可以下蹲，也可以向后下腰。面对扫腿，可以下蹲（如图 3-1-26），也可以向后退步。动作的设计具有多样性，只要符合躲避的常理，都可以被选择。第三步，记住创作的动作，在使用基本的同点配合下，寻找合理的打与躲的动势，将动作进行发展并加上连接，组合成短句。

练习：一般一人打七次，一人躲七次（第二次作业互换），第八次结束战斗。尽量合理动作设计时的空间对比，使动作涉及三度空间（如图 3-1-27）。强调配合的真实感、动作设计的节奏感、声音辅助配合的协调感，最终达到动作能完美流畅呈现的目的。

（图 3-1-25）

（图 3-1-26）

（图 3-1-27）

5.2 挡／打

挡与打属于双人接触练习，是格斗中较难掌握的。由于两人需要在动作中进行肢体接触，所以在动作的配合、力度的掌握上需要磨合。挡的人需注意两点，分别是动作的时差与距离，作出挡的反应时间不可过早，如果提早预知了动作，会让表演显得“假”。同时，也不可忽视打人者的动作距离，距离太远则无法接触，距离太近则会出现较强的力度碰撞，容易受伤；打人者需要强调三点，分别是起势、轨迹、力度。首先，起势需要放大，有助于提高动作的真实感，再者，要注意出手的轨迹，如果把握不好动作轨迹，则会导致距离时近时远，造成挡的人慌乱，使之受伤。最后，打人者在出手时要加大力度，但在临近配合点时要及时收住力度，造成看上去有力量碰撞的真实感，这也是在挡与打练习中最难掌握的技巧。

以下是训练中几个常规的基本动作，如两人面对面，一人挥拳，一人以手臂外侧抵挡（如图 3-1-28）；又如一人弯腿提膝，一人用手按住袭来的腿（如图 3-1-29）。第二步，挡的人可以举一反三，面对挥拳可以以手臂外侧击挡，也可以后撤同时用手抓住对方的拳。面对提膝，可以用手按住，也可选择以腿挡住，动作的设计具有多样，只要符合打的线路与挡的常理，都可以被选择。第三步，寻找合理的打与躲的动作，记住创作的动作并加上连接发展成短句。

练习：一般一人打七次，一人挡七次（第二次作业互换），第八次结束战斗。尽量合理动作设计时的空间对比，使动作涉及三度空间（如图 3-1-30）。强调配合的真实感、动作设计的节奏感、声音辅助配合的协调感，最终达到动作能完美流畅呈现的目的。

（图 3-1-28）

（图 3-1-29）

（图 3-1-30）

5.3 反击与制服

反击与制服属于双人接触练习，是格斗中最难掌握的。由于两人需要在动作中进行肢体接触，且在肢体接触的基础上去配合发展动作，因此，在动作掌握上需要较多的磨合。反击者需着重借力发力的练习，先感受到另一个人的力，不要去强硬的发力碰撞，而是通过两人之间力的感知去作出反应。被制服的人需要注意两点。第一点，动作顺势而为，顺着发力人的力去做动作。第二点，要注意自身的发力，身体收紧，达到被制服的动作要求。如表现被扔出的动作时，并非真的摔倒，而是借助他人的力时自己发力作出空中翻腾的动作，以及处理落地的接触点等。

以下是训练中几个常规的基本动作，如两人面对前方，一人挎住另一人脖子，（如图 3-1-31），被勒住的人用手向后绕一圈，压住另一人后肩，制服其人（如图 3-1-32）；又如前一人拖着后一人向前走（如图 3-1-33），后一人将手顺时针画圆并制服前一人（如图 3-1-34）；又如一方卡着另一方脖子（如图 3-1-35），被卡的人瞬间固定住卡人者的手（如图 3-1-36），并转身用另一只手搂住卡人者（如图 3-1-37），卡人者此时双脚用力蹬地，配合被卡的人甩劲空翻（如图 3-1-38），最后双脚先着地，屁股再及地（如图 3-1-39）。第二步，反击者可以举一反三，面对抵挡住的动作，从多个线路进行反击，只要符合反击的常理，都可以被尝试。第三步，寻找合理的打与躲的动作，记住创作的动作并加上连接发展成短句。

练习：该综合练习一般融合前两次短句进行布置，每人至少打七次，挡七次、反击四次、最终被制服。尽量合理动作设计时的空间对比，使动作涉及三度空间，强调动作的真实感。最终加上规定情境，完成三分钟以上的命题片段:《醉拳》《刺杀》《花木兰与卫将军》《醉汉与小混混》等。

（图 3-1-31）

（图 3-1-32）

（图 3-1-33）

（图 3-1-34）

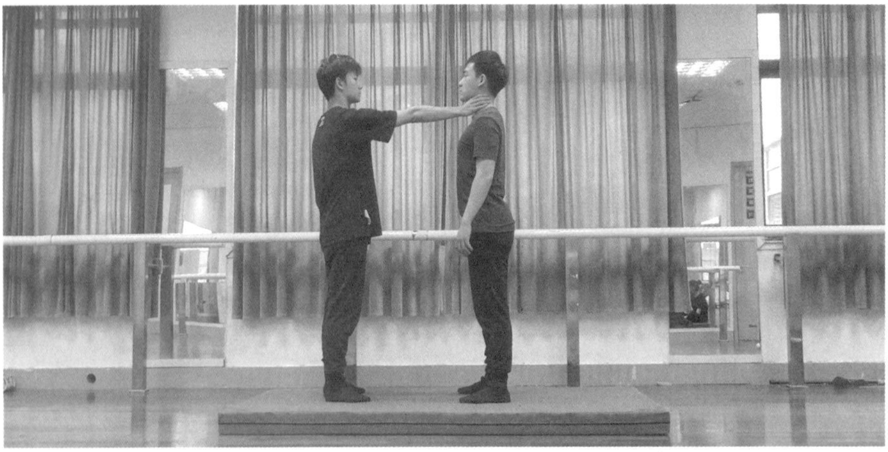

（图 3-1-35）

（图 3-1-36）

（图 3-1-37）

（图 3-1-38）

（图 3-1-39）

第二节　基本技术技巧

所谓的技术技巧就是在一定时间空间内，通过正确运用人体的力量、肌肉、韧带等做出的较高难度动作。在课程中，技术技巧练习主要侧重于翻以及地面技巧的训练内容。技术技巧能够训练演员的舞蹈功底，加强演员对于肌肉的控制能力、爆发力、协调性，对心理素质也有一定的提高。技术技巧在不同类型的剧中，尤其是古装题材、历史题材、军旅题材的运用较为常见，因此具有较强的训练意义。本课程要求表演者掌握前滚翻、后滚翻、倒立、侧手翻、鲤鱼打挺等基本技术技巧，并能够将其有效地运用在不同的作品中。

1. 前滚翻

（一）做法

下蹲，左（右）手掌撑住地面，右（左）胳膊向身体内弯曲。低头向左（右）歪，双脚用力往前蹬，往前翻的时候注意不要用头去做支撑，要用手肘外侧和右（左）肩去做支撑点（如图 3-2-1），翻完后顺势从地面站起。

（二）要求

双手撑地时注意不要离自己双脚很远，头要尽量往下低，双脚蹬地时要注意力度，在翻滚的过程中注意方向要笔直。

（图 3-2-1）

2. 后滚翻

（一）做法

下蹲，后背对向滚动的方向，身体团紧，然后迅速向后倒（如图 3-2-2），头向左（右）倒，双腿膝盖向肩膀和脸夹角处的空地跪，双手弯曲撑在双肩上方。身体向后翻滚时着地部位依次经过臀部、腰部、肩部、颈部和头部，当滚到肩部时，双手推地成跪撑，然后站立。

（二）要求

双脚蹬地发力时要注意力度，向后翻滚时要注意翻滚的方向，身体要保持在一条线上，在经过颈部和头部的时候不要用颈部正后方和后脑勺去着地，要用侧颈和头部侧面及地。

（图 3-2-2）

3. 倒立

（一）做法

第一步：准备，双手向上夹耳朵举起，左脚前点地，重心放在右脚（如图 3-2-3）。

第二步：看准放手的位置，约离墙三十厘米。在下手的同时移动重心到左腿，左腿弯曲蹬地，右腿往墙面上踢，左一条腿顺着惯性快速跟上前一条腿。

（二）要求

手在撑地的时候不能弯曲，不能离墙面过近或过远。倒上去时胯部不能松，不能塌腰，要保持身体绷紧，双脚并拢，抬头看地面（如图 3-2-4）。

（图 3-2-3）

（图 3-2-4）

4. 侧手翻

（一）做法

第一步：起势，左脚脚尖点地，重心放在右腿，右腿为主力腿；双臂绷直自然向上抬起夹住耳朵，双手手掌朝前（如图 3-2-5）。

第二步：双臂自然下落，双手手掌位置放于左脚脚尖前方（如图 3-2-6），重心移到左腿上，左腿弯曲蹬地，右腿往天花板上踢。

第三步：双腿在空中时如横叉状打开，腿伸直，脚背绷，腰腹部收紧，双臂伸直（如图 3-2-7）。

第四步：落地时先右脚后左脚，右脚尽量落在右手旁，此时手掌离地，双手夹耳朵抬起，恢复起势动作。

（二）要求

起势时，注意双手放置要和左脚在一条横线上，手撑地时切不可弯曲。双腿在空中时，注意腰腹和腿部发力。

（图 3-2-5）

（图 3-2-6）

（图 3-2-7）

5. 鲤鱼打挺

（一）做法

第一步：准备，躺在地上背部着地，腹部用力全力抬起双腿，直至臀部抬空，双手推在大腿靠近膝盖处，或者双手撑在头部两侧的地面上借力（如图 3-2-8）。

第二步：迅速摆下双腿，双手用力推腿或推地，双腿着地位置尽量接近臀部所在位置，在双脚向下摆的过程中用肩头或者手支撑，向上挺起胯、腰，在双脚着地时迅速收腹带动上半身挺直（如图 3-2-9）。

第三步：起身为蹲地状，落地时双腿间至少空出与肩同宽以上的距离（如图 3-2-10）。

（二）要求

准备时腰部和背部是全身力量的支撑点，而最后的支撑点是靠脖子发力的头部，鲤鱼打挺讲究腰腹肌肉力量的运用、身体协调性的配合以及惯性的掌握，要通过练习才能做到。

（图 3-2-8）

（图 3-2-9）

（图 3-2-10）

6. 旋子

（一）做法

第一步：准备，旋子起势，左脚向后点地，左手向前抬起，右手向右抬起，面朝斜前，确保身后有足够位置助跑（如图 3-2-11）。

第二步：助跑，以左脚为轴心脚，右脚从身体左边向后跨大步，右手也向身体左边甩，上体向左转动，然后左脚再沿直线前进方向后插一步，上体继续稍向左转，随后上体下俯，身体重心由右腿向左腿过渡，双臂配合上身用力甩出惯性。

第三步：空中旋起，左脚猛蹬地面，双手配合上身向左猛甩，紧接着右，左腿依次向上摆起，使身体形成一个 U 形，头和脚齐平。借用惯性使身体在空间平旋一周（如图 3-2-12）。

第四步：落地时，人体自然下落，右脚主动先落地，屈膝缓冲，左脚随之落到地面站稳。

（二）要求

利用转身助跑的惯性能获得较大的腾空力量，前两步要快，第三步稍减速缓冲。两臂配合上体转动，轻松协调；上体下俯是为了获得向上的较大力量，摆动是身体在空中水平旋转的力量来源。此时应屏住呼吸，预备发力，双腿拉开绷直使旋子做得飘，同时将头稍抬起使上体旋得高，最重要的是腰部“拧”劲要用上。

（图 3-2-11）

第四章

古代历史礼仪

古代题材、历史题材的戏剧常常出现在当下舞台和荧幕上，作为表演专业从事者，不仅要练习表演，也需了解更多的历史知识。因此，学习各朝代的历史礼仪对表演专业从事者具有必要性和实用性。秦汉时期是各种封建礼仪制度基本形成的时期。秦代，全国统一，作为封建礼制草创的时期，受前朝各代的影响导致各种礼仪还没有完全形成一套具体的礼制。汉代，完善礼仪，拥有了一套完整的礼仪制度。明清时期，虽朝代更迭，但礼仪一直延续下去，经过了一些变化与发展，在生活中依然作为至关重要的部分。本章将礼仪按朝代顺序分为周、隋唐、明、清四个部分讲述中国基本的历史礼仪，以便表演者了解与掌握。

第一节 周时期礼仪

1. 跪拜礼

所谓跪拜礼，在古人看来，不跪则不可称为拜。按照周代礼仪的规定，当时对跪拜的动作和对象，作了严格的规范，后流传于秦。我国古代特有九拜，目的是向对方表达极高的崇敬。九拜主要分稽首、顿首、空首，称为“正拜”，也都属于“吉事之拜”。振动之拜，为“凶拜”，而奇拜和褒拜则是以拜的次数划分的名称。《周礼春官·太祝》:“辨九拜，一曰稽首，二曰顿首，三曰空首，四曰振动，五曰吉拜，六曰凶拜，七曰奇拜，八曰褒拜，九曰肃拜，以享右祭祀。”这体现了古代对于礼节和阶级的森严规定，不同阶级、不同身份的人在不同场合所使用的礼仪也大不相同。

1.1 稽首

（一）做法

第一步：先做一个揖礼，再退右脚一步箭步蹲，两手提襟，扶于左腿蹲下跪好，上半身挺直，两臂自然下垂。

第二步：双臂抬起至与眉齐平，手肘架起，呈抱圆状。双手叠放位置为左手在上右手在下。

第三步：先将头贴手（如图 4-1-1），再一起缓缓拜下（如图 4-1-2）。

（图 4-1-1）

（图 4-1-2）

第四步，起身时双手回到与眉齐平再放下。

（二）要求

稽首，多用于祭拜上天或祖先，在跪的时候要挺直身体，拜的时候头去贴手，切忌手去贴头。稽首在古代是最大的礼，用于臣民和君主之间，表示对君主最大的敬意。

1.2 顿首

（一）做法

第一步：双膝跪地，双腿双脚并拢，上半身挺直，两臂自然下垂。

第二步：双臂抬起至与眉齐平，手肘架起，呈抱圆状。双手叠放位置为左手在上右手在下。

第三步：手先拜下去，手着地，头碰到手，停留片刻起身。

第四步：缓缓起身，手再抬回胸腹位置，身体直立，再放下手自然放置。

（二）要求

顿首，也称之为“叩头、稽颡、叩颡”，多用于叩拜父母长辈，在跪的时候挺直身体，与稽首有所不同，稽首先头贴手再一起拜下，顿首则手先下地。之所以称为顿首，可以理解为，额头着地只有片刻停顿，停顿时间为三秒左右。顿首在古代也在平辈之间或有重大事情有求于人时使用。

1.3 空首拜

（一）做法

第一步：双脚双腿并拢下跪，上半身保持直立。

第二步：双臂抬起至与眉齐平，手肘架起，呈抱圆状。双手叠放位置为左手在上右手在下。

第三步：手臂与头部同时下拜至与心齐平（如图 4-1-3）。

第四步：礼毕后，起身时双臂自然放置身体两侧，上半身坐直。

（二）要求

空首，又称拜首。多用于同辈或尊长对晚辈答礼，如周制婚礼时父亲跪拜托付家业于孩子的礼。该礼仪用于日常正式场合下的跪拜，长幼尊卑都可使用，没有过多的规矩。注意空首拜时，不拜至地面。之所以称为“空首拜”，可以理解为“首”不及地，与地面保持空间距离。

（图 4-1-3）

1.4 振动之拜

（一）做法

第一步：双脚双腿并拢下跪，上半身保持直立。双手向前前平举，手心向下，分别对二八点方向（如图 4-1-4）。

第二步：手臂保持伸直，双手手心朝内击掌（如图 4-1-5）。

第三步：击掌后回到二八点位置，手心向下着地，额头贴地（如图 4-1-6）。

第四步：起身，回到跪立。

（二）要求

郑玄注《周礼》记载的这一礼节说：“动，读为董，书亦或为董。振董，以两手相击也。……振动，战栗变动之拜。”因此，这种礼节一般用于重大丧事，或至亲之人离去，是丧礼中最隆重的礼节。在极其沉痛之下伴随痛哭流涕、浑身颤栗、击掌多次、振动其身而拜，击掌次数由悲痛的程度而定。

（图 4-1-4）

（图 4-1-5）

（图 4-1-6）

1.5 吉拜

郑玄注："吉拜，拜而后稽颡。"因此，吉拜是先空首，然后再行顿首礼。吉拜可用于古代流传的守孝三年的习俗，三年后，两方家长相见时应行吉拜礼。

1.6 凶拜

孔子曰："拜而后稽颡，颓乎其顺也。稽颡而后拜，颀乎其至也。三年之丧，吾从其至者。"因此，凶拜先是行顿首拜，再行空首拜。此拜礼用于三年守孝期间答谢宾客，表达悲痛与感激之情。

1.7 奇拜

奇拜是拜一拜，"奇"为单数之意。

1.8 褒拜

褒拜也称"报拜"。褒拜指拜两次或两次以上，褒又有大的意思，也指再拜，行礼时多拜一拜以加敬意，如《左传》中提到的"三拜稽首"，又如定公四年提及的"九顿首"，又如"三跪九叩"，都是"褒拜"。《周礼》记载："褒读为报，报拜，再拜是也。"因此，褒拜也是行礼人回复他人的再拜。奇拜和褒拜是以拜的次数划分的名称，并不是拜的形式。

1.9 肃拜礼

（一）做法

第一步：准备，双膝跪地，身体直立，双腿并拢，手自然垂于身体两侧。

第二步：双臂由身旁抬起，置于胸腹位置，呈抱圆状。双手叠放，右手在上左手在下，男子反之。然后头随着手缓缓拜下去。

第三步：手肘着地，头不要碰到手，停留片刻（如图 4-1-7）。

第四步：缓缓起身，手抬在胸腹位置，身体直立，再自然放下手。

（二）要求

肃拜为女子专用的手拜礼，用于女子特定场合敬父母，行人生大礼笈礼等。肃拜也为古代九拜之军礼，在军队中，因着盔甲沉重不便行礼而作。

（图 4-1-7）

2. 揖礼与拱手礼

揖礼与拱手礼从西周起就有记载，且已有三千年以上的文字记载历史，用于同辈、长辈的见面、交往、感谢，是常用的隆重礼节。古代中国揖礼与拱手有吉凶之分，在行礼时也符合“男左女右”的观点，吉事为阳，凶丧之事为阴；男为阳，女为阴；行吉礼时，男子左手在外，女子右手在外；行凶丧之礼时，男子右手在外，女子则左手在外。古人通过这种较程式化的行礼方式表达恭谦之意，以示对他人的敬意。

揖礼讲究人和人之间的距离，俗话说，距离产生美，古人以距离来表现出人与人之间的“恭敬”。许多现代礼学的专家认为，距离既体现着典雅气息，也符合现代卫生的要求。因此，该礼节也被誉为最体现中国人文精神的见面礼节、最恰当合适的交往礼仪。其原因为方便，该礼随时可行。卫生，人与人间不会有肢体接触。恭敬，行礼既不分先后顺序，又男女通用，不会令人尴尬与难堪。

先秦时期作揖加鞠躬，有误传两拇指相柱立，实际是内收相对为相柱也。周制汉礼中非常重视揖礼，揖礼在各个朝代也有着变化与发展。

2.1 周揖礼

周揖礼盛行于周、汉、三国、两晋、南北朝。“揖”又被称为拱手礼，其不需跪拜，站着行礼便可。如与跪拜礼相比，稍轻一些。《史记・高祖本纪》中记载：“郦生不拜，长揖。”《汉书周勃传》又言：天子“至中营，将军亚夫揖曰：介胄之士不拜，请以军礼见。”因此，揖礼的使用场合并不那么正式，有时也可以作为军礼而行。按作揖的高度和长度划分，可分为高揖、长揖。

揖礼最早也是周时天子会见庶姓诸侯的一种礼节。《周礼·秋官·司仪》中记载："诏王仪南乡见诸侯，土揖庶姓，时揖异姓，天揖同姓。"郑玄注："土揖，推手小下之。"清朱大韶《实事求是斋经义·肃与肃拜辨》说道："司仪：'土揖庶姓，时揖异姓，天揖同姓。'注：'土揖，推手小下之；时揖，平推手也；天揖，推手小举之。'盖於推手中别此三等之法，实皆拱手也。"

揖礼基本动作：

（一）手型：左右手食指、中指、无名指、小拇指四指并拢，左手掌托着右手掌背，男子左手放置于右手手背上方，女子反之。双手交叠，掌心朝内。举手至额头前，与眉齐平处（如图 4-1-8）。

（二）做法：先举手，而后弯腰九十度，颔首，手头莫距太近（如图 4-1-9）。起身再回原状，抱手与眉齐平，最后礼毕，双手自然至身体两侧。

（图 4-1-8）

（图 4-1-9）

（三）要求：周揖礼可分为天揖、时揖、土揖三种，正规作揖时从容不迫，注意举止，上身起来后强调双手抬于与眉齐平处，表达对对方的敬意。另外，揖礼在不同情境下、不同人物关系下行礼的细节也有所不同。

第一种：天揖

（一）做法

第一步：双手自然下垂，`身体直立放松，双腿并拢。

第二步：双手由身体两侧向上举起在胸口高度自然抱圆，最后双手叠放，手心朝内，手背朝外，在内的手微拱起。

第三步：身体向前倾推手的同时，双手高举齐额，形成上身向下弯腰，双手向上抬起之势（如图 4-1-10）。

第四步：身体回归直立，手自然向内收回，平放在胸口高度。

第五步，手自然放下于两侧。

（二）要求

天揖手位于高处，又称大揖礼、上揖，是最高的揖礼，揖礼用于正式场合，如祭祀等，一般对尊长，同族中人、同姓之人、亲族行此礼，也是古代君王对同姓诸侯或亲族所行之礼。

（图 4-1-10）

第二种：时揖

（一）做法

第一步：双手自然下垂，身体直立放松，双腿并拢。

第二步：双手由身体两侧向上举起在胸口高度自然抱圆，最后双手叠放，手心朝内，手背朝外，在内的手微拱起。

第三步：身体稍向前倾，手从胸口向外平推（如图 4-1-11）。

第四步：身体回归直立，手自然向内收回，平放在胸口高度。

第五步：手自然放下于两侧。

（二）要求

时揖手位于平处，又称中揖、拱手、推手、抱拳。一般用于平辈所行之礼，且较常使用，如见面、辞别等。切记在拱手时，不要立起大拇指，要贴食指。时揖也是古代君王对有姻亲关系的异姓诸侯或亲族所行之礼。

（图 4-1-11）

第三种：土揖

（一）做法

第一步：双手自然下垂，身体直立放松，双腿并拢。

第二步：双手由身体两侧向上举起，在胸口高度自然抱圆，最后双手叠放，手心朝内，手背朝外，在内的手微拱起。

第三步：身体稍向前倾，同时双手叠放往下推，形成身往下，手往下之势（如图 4-1-12）。

第四步：身体回归直立，手自然向内收回，平放在胸口高度。

第五步：手自然放下于两侧。

（二）要求

土揖手位于下处，又称下揖、下手。一般用于长辈或上司还礼。土揖也是用于君王对与自己没有姻亲关系的异姓亲族与诸侯，或身份尊贵的外邦贵宾与使者。

（图 4-1-12）

2.2 拱手礼

（一）做法

第一步：双腿站直，身正腰直，抬头挺胸，面带微笑。两手抬起，左手在上，右手握拳在左手心内（有重丧事反之），双手合于胸前（如图 4-1-13）。

（图 4-1-13）

第二步：行拱手礼时微磬鞠，保持身体与手不动。上下顿挫三下，口内寒暄：“幸会，幸会！”或者“恭喜，恭喜！”

第三步：双手放下，自然垂手于身体两旁。

（二）要求

拱手又被称作捧手，是一种打招呼的万能礼，一般平辈行礼时，拱手的位置正对胸口，不高于颚不低于胸，也是“平揖的拱手礼”。拱手一般为打招呼的万能性礼节，一般在朋友道贺、长辈祝寿，接待贵宾等场所使用。

第二节 唐时期礼仪

周礼制一直延续至秦、汉，由秦汉传入唐。唐宋时期的礼仪大部分延续了秦汉，在一些细节方面，做出了调整，更加规范了不同身份之间的行礼方式：一、同级官员相遇时行作揖或者拱手礼两次。二、地位不同的时候，地位低的人向右侧移动行两次揖手，地位高的点头回礼。三、如果地位差别很大 地位低的人行顿首或者跪地一次，叩头四次，地位高的人不回礼。四、百姓之间不可以行拜首礼。除此之外，唐时期流行叉手礼，不同时期的叉手礼也不相同。

1. 叉手礼

（一）做法

第一步：初始为双腿站直，身正腰直的站立姿势。

第二步：双手从两侧举起至胸口齐平，左手握住右手，右手拇指上翘（如图 4-2-1）。

第三步：抱手后向前微倾。

（图 4-2-1）

（二）要求

叉手礼是我国古代多用于平民间、世俗中的礼仪，属揖礼的一种，无论男女老幼都可使用，也作为日常生活中见面打招呼的礼仪，在唐、五代、辽、宋、金、元、明时期十分流行。最初，这种行礼出现于西晋，是位低者对位高者以示尊敬时行的一种礼。叉手礼在回话时使用，因为不伴有跪地，所以常常使用这种回礼。

2. 万福礼

（一）做法

第一步：双手自然下垂，身体直立，双腿并拢。

第二步：双手握拳放在胸前正中间，且右拳在左拳上。

第三步：手上下微动，双膝微曲，颔首，口说“万福”（如图 4-2-2）。

第四步：身体回到直立状态，双手自然收回。

（二）要求

万福礼为女子礼仪，“万福”出自《诗经》，在《小雅・蓼萧》中提到：“万福攸同”；在《小雅・桑扈》中提到“万福来求”；在《水浒传》里也多次提到过“万福”“道个万福”“道三个万福”“叉手后道万福”，等等。这些“万福”代表福满福多的意思，由于万福是个吉祥话，后在祝福、称颂他人时可以使用。唐代武则天改国号为“周”，后而提出“正身下立，两手当胸前，微俯首，微动手，微屈膝”的口号，使女子不再跪拜，在一定程度上提高了女子在国家中的地位。因此，万福在唐宋时期极为盛行，一直延续到清朝，在各朝代的发展中也发生了一些形态上的变化。

（图 4-2-2）

第三节 明时期礼仪

元朝跪拜礼，凡是臣对君时都下跪，如上奏时等。后朱元璋建立明朝，为巩固皇权并未废除这些礼仪，且大臣见皇帝行跪礼，百姓见官也要跪拜，跪拜礼继续使用周礼制。

明朝对皇帝行的最大的礼为“五拜三叩”。拜的意思为：长跪，俯首至手，这样的动作重复五次，则为五拜。叩的意思为头至地，这样的动作重复三次，则为三叩头。做完以上的动作后起身，拱手站立。五拜三叩用于最正式的场合，如官员三年一次的入京朝见，贡士在殿试、传胪时行礼等。在一般场合下，做三拜四拜即可，如官员参与祭祀时，表达感激时等。

1. 抱拳揖礼

（一）做法

第一步：左脚上前一步，右脚跟上，并步的同时，两手环抱于胸前，右手握拳在左手内，左手四指伸直，拇指弯曲，手心对右拳，拇指扣在右手食指第一节（如图4-3-1）。

第二步：两手向外稍推（如图4-3-2）。

（图 4-3-1）

（图 4-3-2）

（二）要求

抱拳礼属于“揖礼”的一种，是男子的礼仪，来源于古代军队。《汉书・周勃传》中记载:“至营，将军亚夫持兵揖曰:‘介胄之士不拜，请以军礼拱手抱拳见。’天子为动，改容式车。使人称谢:‘皇帝敬劳将军。’成礼而去。”抱拳揖礼是军人在行军礼时右手拿武器，所以左手放在握着武器的右手上方。该礼节左掌掩右拳而抱，有着“勇不滋乱”“武不犯禁”的意味，也以这种方式来对勇武者进行约束。此礼仪行起来非常方便，姿态简单，较易学，平日里百姓相见方可使用，显得自然，在明朝极其盛行。

第四节 清时期礼仪

清朝，为了维护封建等级制度，更是大兴跪拜之礼，将礼仪划分得更为细致，落在社会、生活的各个方面，体现出社会各阶级的尊卑。在清朝，臣对君行三跪九叩，民对官行跪拜，两个级别相差较大的官员见面时低等级官员要向高等级官员行跪拜礼，祭祀祖先、晚辈见长辈也要跪地磕头。

清朝时也有作揖拱手的礼仪，一般用于平辈人或平级人相见，两人相见时弯腰低头，抱手作揖，视情况而定揖礼的大小。在礼仪繁复的清朝，作揖拱手礼已经是一种较为简单的礼节了。清代多用请安礼，且男子与女子不相同。对于一些特殊场合下，有顶头礼、拉拉礼等。

晚清西方思想传播，主张人人平等自由的西方礼节——握手、鞠躬也开始传入国内。这也是中国从封建时期的跪拜礼向鞠躬握手这类简单礼仪过渡的时期，但鞠躬握手这类礼仪真正开始流行是在辛亥革命以后。

1. 请安礼

满族对长辈、老人十分敬重。年轻者见到长者要面带微笑、垂手站立的答话，如果有人问到家中长辈情况儿女要起身答话。对家中老人，三天请小安，五天请大安。满族又有“定省”一说，即“晨昏定省”，也就是小辈对高龄的长辈每天都要“请早安”与“请晚安”。请安礼中男女有别，男子请安礼包括“问安”“打千儿”“叩头”。女子请安礼包括“万福”“抚鬓”等礼节。

1.1 男子请安礼

第一种：问安

（一）做法

第一步：站立，身体笔直，双手自然下垂。

第二步：微微低头，说“某某给某某请安”。

（二）要求

“问安”，是请小安，对家中老人与长辈都可使用，是较为简单，较为常用的请安方式。

第二种：打千儿

（一）做法

第一步：如身着马蹄袖，则快速掸下马蹄袖，先掸左袖后掸右袖。（如图 4-4-1）

第二步：左腿上前一步屈膝，右腿后弯半跪，上体稍向前俯，右手下垂，左手放在左腿上，说“请某某大安”（如图 4-4-2）。

第三步：马上起身，撤左腿，恢复站立姿势。

（二）要求

“打千”也被称作“打佥”，是请大安的一种，原是满族礼仪。这是一种介乎作揖和下跪之间的行礼方式，后为清代男子所用，流行于全国。这种礼仪可向家中尊长所行，也是位卑者对位高者所行的通用礼节。尊长受礼后回半揖礼，同辈之间则回相同的礼。在行礼时，掸袖子顺序勿错，说完请安后也要马上起身。

（图 4-4-1）

（图 4-4-2）

第三种：跪安礼

（一）做法

第一步：看准目标，俯首急行两步。

第二步：双手扶膝，左腿向前迈一步，右腿膝盖着地全跪，左腿紧跟跪下。在施礼同时口中说道“某某给某某请安”。

第三步：右腿随即起来，左腿也起来，挺腰敛胸，双臂垂立，两手向后稍拢，两脚并齐。

（二）要求

“跪安”，行于皇宫、宗室家庭中。皇帝除每日的面见大臣外，也会另行召见一些官员，这类密会的情况与朝会不相同，因此官员不必叩头拜见皇帝。这时，官员应说：“臣（某人）恭请皇上圣安。”然后行跪安礼。又如皇帝晨昏定省时，见到太后时，进门要跪安，退下也要跪安。再如太监向皇帝、太后、皇后、妃嫔等启奏时要行跪安。官员府第及宗室家庭中的晚辈见长辈，奴仆见主人，都要行跪安。由此可见，跪安礼是不可忽视的重要礼节，尤其在皇宫中较为常用。另注意，在行跪安时一连串的动作要节奏均衡，不可慌忙，不可拖拉，每一施礼动作都要毕恭毕敬。

第四种：叩拜礼

（一）做法

第一步：身着箭服的男子，需先放下马蹄袖头，然后屈膝跪地，挺直腰身，双臂下垂，把手放在大腿上。

第二步：随之拱手至地面，左手在上按住右手，头缓缓叩向地面，头每触地一次为一叩。

（二）要求

叩拜礼也叫叩头礼，俗称“磕头”，是满族的大礼，一般在非常重要的场合下使用。此礼分为四种。第一种是“一拜三叩”，一般对父母、主人或尊长；第二种是“二拜六叩”，一般是对爷爷、奶奶和尊长；第三种是“一拜四叩”，一般是在过年时小孩见尊长时用；第四种是“三拜九叩”大礼，主要是在祭神、祭祖和见皇帝时用。这也是当时小辈对长辈、平民对官员、奴仆见主人时所行之礼。

1.2 女子请安礼

第一种：蹲安礼

（一）做法

第一步：行礼者面对受礼者站直，双脚平行。

第二步：双手扶住膝盖，膝盖弯曲呈半蹲姿势。

第三步：稍向前躬腰，同时嘴里说“请某某大安”。

（二）要求

蹲安礼，又被称为半蹲礼，是满族女子专用的礼仪。满族妇女晨昏定省时向长辈请安或见到宾客时经常使用此礼。但在清中期后，这种礼节逐渐被双手放在左侧腰际、身前屈、腿稍弯的礼仪所取代。

第二种：万福礼

（一）做法

第一步：双手至左胯处，轻轻搭在左胯处。

第二步：右脚向后微撤一小步。

第三步：庄重缓慢地屈膝，颔首，口道“某某万福”（如图 4-4-3）。

第四步：站立并收脚，放手于身体两侧。

（二）要求

万福礼为汉族的礼仪，发展到清朝，满族女子也开始行万福礼。但清朝的万福礼与满文化相结合，无论从腿、手的位置、动作，还是膝盖下蹲的幅度，都有不同的行礼姿态，与汉族的万福礼不同。

（图 4-4-3）

第三种：抹额礼

（一）做法

第一步：头微低，抬右手，将手心横抚于额前，五指并拢，指型自然，呈兰花指状，手心并非真贴住额头，离额头约 5 厘米的距离（如图 4-4-4）。

第二步：沿左向右平抹一至三下，礼节越大抹额次数越多。

第三步：随后点头目视，自然放手。

（二）要求

一般用于同辈女子相见。

（图 4-4-4）

第四种：抚鬓礼

（一）做法

第一步：右手呈松驰的兰花指放于耳旁。

第二步：双膝弯曲，微微点头（如图 4-4-5）。

（二）要求

常用于女子与同辈人或亲人相见、请安。

（图 4-4-5）

第五种：叩拜礼

（一）做法

第一步：屈膝跪地，挺直腰身、双臂下垂，把手放在大腿上。

第二步：随之双手至地面，头缓缓叩向地面，头每触地一次为一叩（如图 4-4-6）。

（二）要求

叩拜礼也叫叩头礼，俗称“磕头”，是满族的大礼，一般在非常重要的场合下使用。满族女子的大礼与男子有所不同，仅限于结婚时叩拜天地使用。

（图 4-4-6）

2. 见面礼

2.1 抱腰礼

（一）做法

第一步：两人面对面站直。

第二步：相互之间用右手抱住对方的腰部，左手抚着对方背部，两人相互贴面（如图 4-4-7）。

（二）要求

抱腰礼也称抱见礼，是满族见面礼中最亲密的大礼。《柳边纪略》卷记载："满洲见人，以曲躬为礼，别久相见则相抱。"此礼一般在至亲久别重逢见面时使用。

（图 4-4-7）

2.2 拉拉礼

（一）做法

第一步：见到对方，两人面对面走近。

第二步：一方手臂在下抓住对方手肘外侧，另一方在上抓住对方手肘内侧（如图 4-4-8），在此动作上寒暄、问好。

（二）要求

女性日常礼仪，用于平辈妇女之间。两人较为熟悉、亲密，相见时互相拉手问好，称"拉拉礼"。

（图 4-4-8）

2.3 顶头礼

（一）做法

第一步：双方见面时，妻子迎向前用头顶住丈夫的胸部。

第二步：丈夫轻轻抚摸妻子的头部或背部（如图 4-4-9）。

（二）要求

顶头礼是老年夫妻的相见礼节，用于两人久别重逢。行此礼时，一个情深入怀，一个爱抚相慰，表达双方间的爱意款款、相敬如宾、情深意浓。

（图 4-4-9）

2.4 擦肩礼

（一）做法

第一步：“打千儿”后，双方站起，自然垂臂。

第二步：双方走近，互碰双肩。

（二）要求

擦肩礼是平辈相见时行的礼，主人与客人见面时，要互相靠拢擦一下肩膀头，表示两人关系亲近，俗称碰肩膀头。满族人好客，如果有陌生人路过满族人家，不管家庭是否富裕，也都会尽力招待客人，并且客人走时无需致谢，与主人行个“擦肩礼”即可。

3. 告别礼

打横

（一）做法

第一步：客人走时，主人送至门外。

第二步：客人转身退后一步。

第三步：双手下垂贴身，横着走一至两步。

第四步：对着主人点头，表达与主人告辞之意。

（二）要求

一般客人拜访结束，将要离去时，主人要送客至院门外。当客人行告辞后，主人也需抱双手点头，向客人回礼，表示告辞。

第五章

形体与身韵

“身韵”属中国古典舞，即“身法”与“韵律”的总称。“身法”属于外部的技法范畴，“韵律”则属于艺术的内涵神采，二者有机结合，能真正体现中国古典舞的风貌及审美精髓。古典舞身韵与其他舞蹈形式相比，更加注重舞者情感的流露，以及对舞蹈的理解，并将情感融合于心，由身体细腻入微地表达，以此展现古典韵律之美。这种“起于心，发于身”的内在训练又是最难掌握的。这门形体训练还讲究“静心”，只有静下来，细细体会呼吸与身体，才能够把握得当。当下，快速的生活节奏导致演员们有时会较为浮躁，“静”的训练能有效帮助舞者锻炼内在气质。在经历前三个学期的形体训练后，最终回归内在，训练内在，体会中华民族流传的舞蹈文化，掌握细腻的表达与神韵是非常必要的，因此可将形体与身韵纳入教学内容。本章可分为两大部分，即古典舞身韵基本训练和剑舞。

第一节 古典舞身韵

1. 身韵八大要素

身韵八大要素是身韵中的基本功，由中国戏曲艺术发展而来，在这些年中逐渐走向成熟，就与西方芭蕾基训中的擦地、蹲一样，是这门课的基本功。

1.1 沉

做法：在盘腿坐的姿态上通过呼气，使气息下沉，感觉气沉丹田，以气息带动尾椎、腰椎、胸椎、颈椎从自然垂直状一节一节下压而形成含胸，身微弯状，整个身体慢慢放松（如图 5-1-1）。

要求：把握“沉”的度，与“含”进行区别与划分。动作强调脊柱的运动节奏与顺序，尤其是颈部、头部的配合，必须最后到位。

（图 5-1-1）

1.2 提

做法：在沉的基础上，感觉气由丹田提至胸腔，同时以胸之力带动尾椎、腰椎、胸椎、颈椎从微弯状一节一节直立。动作时感觉头部放松，提至胸腔之气不能憋住，随着吸气而感觉向上延伸，直至头顶，身体慢慢坐直。

要求：气息的走势与身体保持同步，不可分割。强调脊柱的运动节奏与顺序，尤其是头部的配合，必须最后到位。

1.3 含

做法：过程和“沉”一样，但加强胸腔的内收，双肩向里合挤，腰椎形成弓形，空胸低头。“里含”不是旁腰，而是感觉双肩里合与胸腔收缩，可用双手抱肩寻找感觉（如图 5-1-2）。

要求：把握“含”的度，与“沉”进行区别与划分。

（图 5-1-2）

1.4 腆

做法：和“含”相反的动作，在“提”的过程中，由尾椎、腰椎、胸椎、颈椎的顺序向前推，双肩向后掰，探胸微抬头，使上身的肩胸完全舒展开（如图 5-1-3）。

要求：“腆”的动作最后要抬头，眼睛直视前方，努力向前做到最大幅度，尽量保持臀部不离开地面。

（图 5-1-3）

1.5 冲

做法：上身向二点或八点水平拉出，要求肩与地面保持水平拉出。“冲”是在“提沉”的基础上躯干“斜移”的动律。掌握以拧带动向侧前形成的横向动势，体现古典舞的饱满、端庄、妩媚、含蓄的气质特点。

要求：双肩齐平，在强调幅度的同时不可高低肩。

1.6 靠

做法：上身向四点或六点水平拉出，感觉前肋往里收，后背侧肌拉长，要求肩与地面保持水平拉出，决不能有躺倒之感，身如向右靠，头则微向左转，眼平视放神，头及颈部略向下梗（如图 5-1-4）。

要求：双肩齐平，在强调幅度的同时不可高低肩，不可过度含胸。

（图 5-1-4）

1.7 移

做法：腰、肩进行左右水平运动的“横线”动律，双眼直视前方（如图 5-1-5）。

要求：双肩齐平，在强调幅度的同时不可高低肩。一定是横向移动，区别于“冲”“靠”。

（图 5-1-5）

1.8 旁提

做法：像一般下旁腰，使上身弧线运动，形象犹如一钩弯月和满风的船帆（如图5-1-6）。

要求：保持尾椎的直立，注重旁腰的“提”的过程，而不是单独意义上的向旁“弯腰”。

（图 5-1-6）

2. 气之源①

在中国古典舞身韵教学中，首先要接触的就是“气息”的训练，这里的“气息”是指人的生理“气息”在形体动态中的艺术化投射。“气息”不仅仅给舞蹈人物形象赋予生命，还赋予了作品特有的审美倾向。把握好舞蹈“气息”的正确运用，在舞蹈中是不可忽略的一个重要训练环节。

从气之源开始正式进入组合部分，这部分尤其讲究身法的形态美、动态美、和谐美。该组合对于舞蹈者的动作美、线条美都有着较高要求，且一定程度上，由于古典舞身韵中蕴含着中国古代传统哲学思想，所以古典舞才能够通过身韵做到以身传神、

① 该组合引用于“身韵巡礼”。

以形传神。因此该组合在强调气息运用的同时，更加要注意身韵内涵中的气质美。

2.1 气之源组合

准备：盘腿坐，后背挺直，双手放在膝盖上，身对一点，眼视一点。7-8 吐气，从尾椎一节一节的往下沉，最后到头部，双手自然地从膝盖沉到大腿两侧，手心朝上。

1×8：1-4 提气，由尾椎到头一节一节地往上提，同时两只手由手肘带着往三七点方向上提，手心朝下（如图 5-1-7），4 时双臂基本伸直，指尖向三七点方向延伸，平行于肩，后背与地面垂直，眼睛看向正前方；5-8 沉，双手由手肘带动向下，同时翻手腕成手心朝上（如图 5-1-8），8 时垂到大腿的两侧，垂的时候手肘和手指自然弯曲。

2×8：重复第一个八拍的动作。

3×8：1-8 慢慢提，身体由尾椎到头部，一节一节地慢慢往上提，双手由手肘带着上提，手心朝下。

4×8：1-4 时手和身体继续上提，手臂往三七点斜上方走，4 时双手超过肩膀到三七点斜上方高度，后背与地面垂直，眼睛看正前方；4 拍半时，身体、双手、头稍往下迅速一沉，手臂由手肘下沉带动手腕翻过来呈手心朝上，手腕翻时手臂位置保持斜上方不动；5 时迅速提气，手腕快速变为手心朝下；6-7 时身体和手继续微上提，头稍上扬，手超过头顶，但不要与肩膀垂直（如图 5-1-9）；8 时身体往下沉，右手回到腹部前面按掌的位置（男生按掌，女生兰花掌），左手收回至背后，头自然下垂。

5×8：1 提，右手按掌位手腕上提，左手背手；2 沉，右手按掌位手腕下压；3 提，右手按掌位手腕上提；4 沉，右手按掌位压腕；5-7 时借一个寸劲，手腕带动右手拎至正上方，手背朝上，同时身体做提的动作，眼随手动；8 时右手往四点方向，身体的斜后方划半圆，手肘带动下沉，手心朝上，到右胯的位置，身体随手向右微转至二点方向，眼随手动，同时沉。

6×8：1 时右手在胯旁小拇指朝内盘，做盘腕，盘至指尖对后时拎手肘，手往上提，手心朝下抬至头正上方，身体回到一点方向，眼随手，提气；2 时沉气，手心朝上，从上往下向二点方向落到右膝盖的斜前方，扣手腕。沉时身体向左斜后方靠，眼随手；3 时提气，手臂位置不动，手腕上提，手指摊开，身体做六点方向的靠（如图 5-1-10）；4 手腕下沉，身体做沉；5-7 右手小拇指向内盘，做盘腕后手臂朝四点斜上方带出，慢慢推直，手背朝上，同时身体由左靠经过沉变成向右靠。左手在左膝前，手心向下按掌，眼视八点方向（如图 5-1-11）；8 时左手回到腹部前按掌，同时右手放在背后，身体做沉，低头。

7×8–8×8：重复 5×8–6×8 反面的动作。

9×8：1–4 上身由左后的靠向二点方向经过提到冲。同时左手伸直从上向二点方向下盖。随后身体经过沉手心向外，到腹前按掌位，同时右手手心朝内从左手内由下向上穿，超过头顶伸直，提气（如图 5–1–12）；5–6 右手向外转至手心朝外，向三点方向落下，同时左手手背朝前向七点抬起，双手同步动作。左手提至头顶时向下盖，到腹部前按掌的位置，右手落至到腹前，随后指尖带动往上穿，超过头顶，身体在盖手时沉，穿手时提；7–8 右手穿至最高时，由手肘带动向下抽手，手心向内。随后手肘带动双手向身体的两侧提起，手心朝内（注意手臂稍弯，手肘最高，形成圆弧形），抽手时与打开时身体做快速的沉（如图 5–1–13）。

10×8：1–2 保持动作不动，身体做提（不抬头）；3–8 身体经过沉，然后向前探，最后变成腆，腆时眼睛看向正前方。双手沉时手指尖向内带，经过自己的小腹时呈交叉状，随后腆时手心向上，手臂向前穿出，再向旁打开（注意手指并拢，大拇指打开，双手不超过自己的肩膀）（如图 5–1–14）。

11×8：1–4 继续向前腆，手臂继续向旁延伸；5–6 快速吐气，身体由尾椎→腰椎→胸椎→颈椎一节节向后带动，经过沉到提，同时双手手肘向胃前带回，经过小腹，在小腹前形成交叉状，随后提时向旁打开，手心向下，打开至侧平举位置；7 时身体做沉，双手随身体微微下垂；8 时身体做提，双手小臂弯曲向内上提，手腕提起，手背向上，手指点至肩膀的位置，眼视一点（如图 5–1–15）。

12×4：1–2 身体做沉，眼视正前方，头不动。小臂由手腕上提，带动向两边打开，手心朝上；3–6 提气，身体和手同时上提。两手分别提至三七点斜上方；6 拍半时快速吐气，手腕和身体微沉；7 时快速吸气，手和身体同时往上提，手腕转动，变为手心朝下。眼睛正视前方；8 不动。

13×8：1–8 重复 10×8 的 3–8 拍，气息和身体沉，然后身体往前钻，变成腆。双手在沉时由手指尖向下带，经过腹部时交叉，随后，腆时双手经过向前后，向旁平面打开，手心朝上。

14×8：1–2 吐气，身体从腆经过沉变成提，眼睛看向前方，双手抽手原路返回，回到身前后向上拎，在头顶形成手背对手背，手臂伸直的动作；3 双手朝八点盖下，盖至左膝盖上方，双手手腕交叉，身体面向八点的方向冲；4 时做沉，同时双手保持交叉向内翻腕，随后向二点方向摊手（在右膝盖的正前方），身体从八点经过沉变到二点方向；5–8 身体经过沉，向六点方向做靠。沉时右手保持不动，靠时左手从下打开，划到六点斜上方，两手呈斜线状，手心朝上，眼视二点方向。

15×8：1–2 时左手从上经过头顶往下盖，到右膝盖的上方，双手交叉，手背向上，身对二点。3-4 时重复 14×8 的 4 的反面动作；5-8 时重复 14×8 的 5-8 的反面动作。

16×8：1-2 时两手手心向下落下，随着提从身前脸颊两旁由下往上穿，穿时手背相对，直至头顶正上方，身体由含到提，抬头；3 时身体提住不动，同时双手向两旁翻腕抛出，手心朝外；4-5 时做沉，眼视一点，双手继续下沉至三七点斜上方位置；6 时身体继续下沉，双手快速翻腕成手心向上，双手沉至侧平举位，手臂微曲，头微低；7 时身体快速做提，双手一拍翻成手心朝下，手臂伸直提至旁斜上位；8 时不动。

17×8：1-2 双手和身体继续上提，双手到头顶后，转成手心向内。随后交叉向下（如图 5-1-16），左手在里，右手在外，身体也跟着下沉，眼随手动；3-4 继续沉；5-8 提气时，右手提手腕轻轻落至右膝盖上，左手随后同样放至左膝盖上，眼随手动，最后看向正前方，身体立直。

（图 5-1-7）

（图 5-1-8）

（图 5-1-9）

（图 5-1-10）

（图 5-1-11）

（图 5-1-12）

（图 5-1-13）

（图 5-1-14）

（图 5-1-15）

（图 5-1-16）

（组合选自：王伟 “身韵巡礼”[①]）

3. 手之语

手是人体的稍节部位，也视为最为典型的语言表达之一，具有东方文化身体形态表达的特殊作用与意义。在身韵中，我们遵循动作形态“发于根、行于臂、达于稍”

① 该组合部分引用于“身韵巡礼”。

的运动法则，也就是动作由心而出，随心而动，与西方芭蕾的“开、绷、直”有着强烈的反差。此组合训练身体末梢部位手的形态，运用手型进行“手语、手意”的表达，手的表现力被体现得淋漓尽致，它时而幻化为眼睛，时而幻化为内心。一方面无限延展了肢体；另一方面承载了敏感细腻的心境，准确而巧妙地表达着最为真实的语言。因而，在训练中我们将手之势、手之语细细划分，表达一切极致追求来源于细节的品质。

该组合为立姿组合，不单单运用手的动作呈现，而是将手与肢体共同配合，也体现出语言是一种动态艺术。在做时要动静结合，通过优美的肢体动作与身形体态，将古典舞的身韵作用发挥出来，突出该组合的动态之美与动作神韵。

3.1 兰花掌

做法：现通常指大拇指和中指轻轻捏合，其余三指展开的手势。在古代，翘兰花指是男人的专利，是他们显示男子气概的标志，当时有人写了一本《兰花品藻》，专门教人如何鉴赏、锤炼和保养兰花指。

要求：大拇指与中指捏合不需过紧，稍保持一些距离，将呼吸置于指尖（如图5-1-17）。

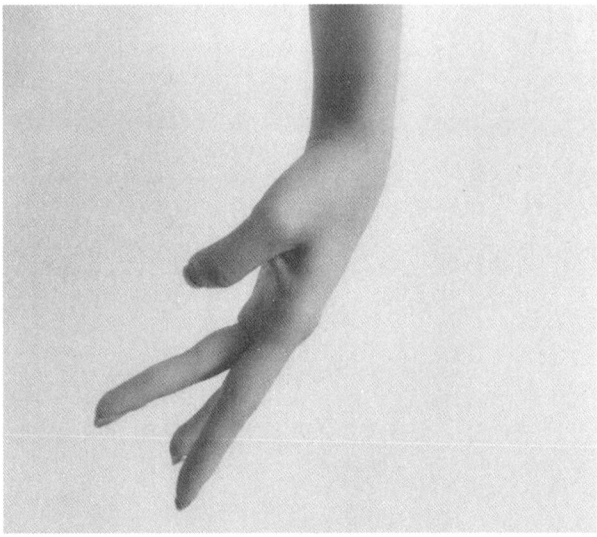

（图 5-1-17）

3.2 单指

做法：中指与大拇指相搭贴，形成圆形，食指笔直翘起，无名指弯曲，小拇指弯曲翘起（如图 5-1-18）。

要求：单指强调“指”，食指要有运动感，具有一种“点”出去的感觉。

（图 5-1-18）

3.3 凤指

做法：四指并拢，食指由第二关节弯曲九十度，与大拇指轻轻捏住（如图 5-1-19）。

要求：该指型强调食指第二关节弯曲，第一关节尽量保持伸直。

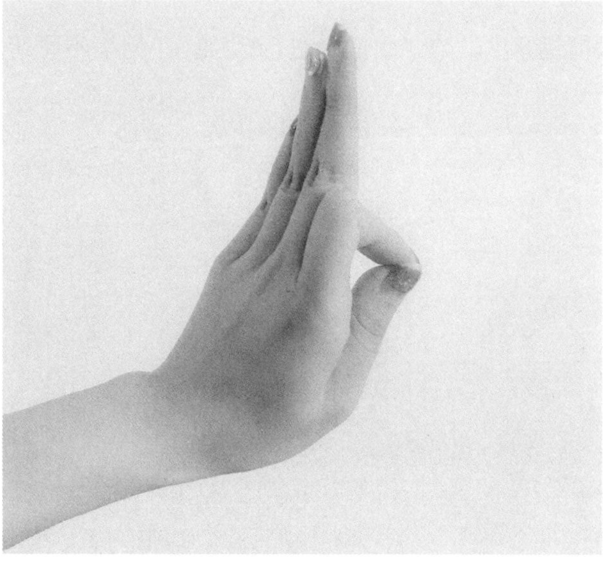

（图 5-1-19）

3.4 空拳

做法：手指放松，拇指与食指轻团在一起，其余三指自然弯曲靠拢（如图5-1-20）。

要求：空拳强调“空”，要在拳中留气，不要握得过于紧绷，中指不用翘得太多，与食指平行即可。

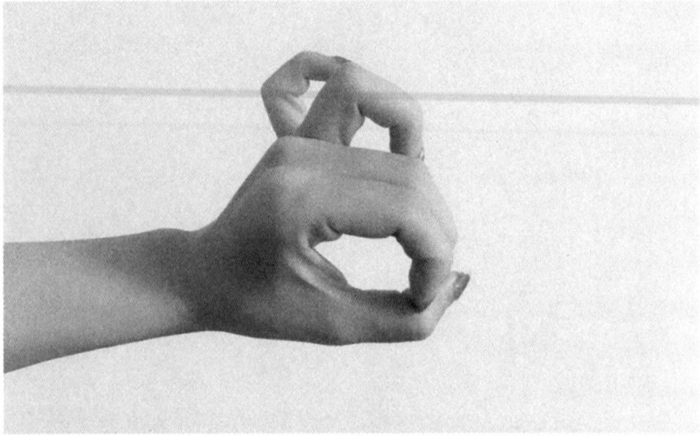

（图 5-1-20）

3.5 禅指

做法：食指、小拇指伸直，中间两指弯曲，与大拇指捏住。不要展开（如图5-1-21）。

要求：强调大拇指紧捏，与“单指”进行区别。小拇指不可弯曲，做时心中透着禅意。

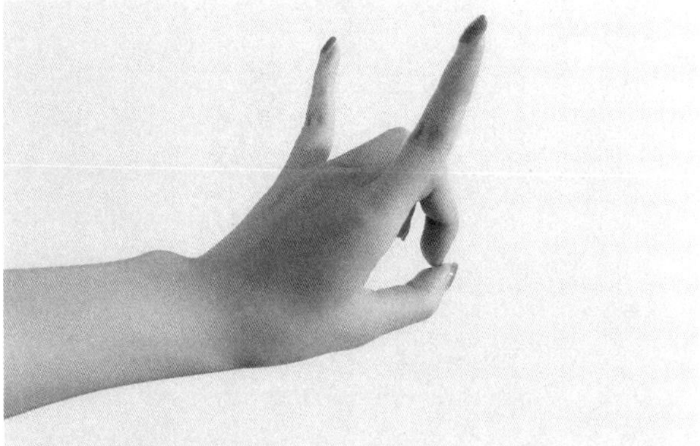

（图 5-1-21）

3.6 轮指

做法：由大拇指向外，带动食指、中指、无名指、小拇指，一个一个向外轮流打开，如拨琵琶的琴弦一般（如图 5-1-22）。

要求："轮指"是动态手势，强调手指运动的顺序性，该动作又分为正与反，手指的协调性需多加练习。

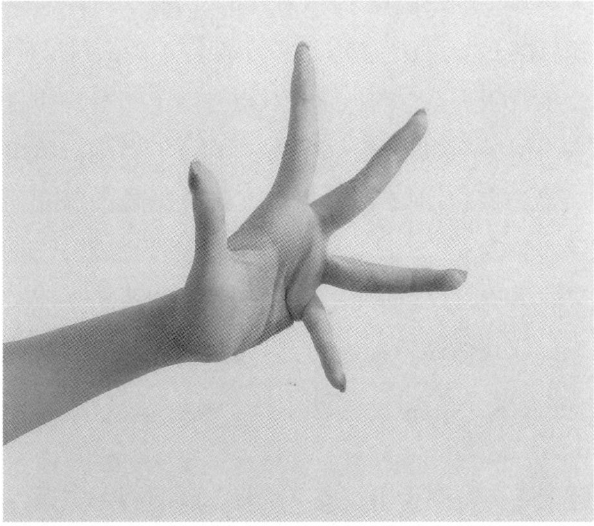

（图 5-1-22）

3.7 手之语组合（该组合部分引用于"身韵巡礼"）

准备：

1×8：双脚并拢，站直，双背手位，身对一点眼视一点，保持不动。

2×8：1-3 不动；4 时向左倒重心；5-6 向左跨一步，右脚向后踏步半蹲，同时左手向七点方向斜下四十五度出手，兰花指，上身右旁提（如图 5-1-23）；7-8 向右边拧身，左手轻轻划到身前，同时对二点方向。随后微微左回身，后手也轻轻划到身前，最后转至二点。转至二点时提气，双手手背在上，在胯前提腕，双脚立半脚掌。

开始：

1×8：1 时沉气，双膝微蹲，胯稍往左出，上身拧在二点方向，双手向外转手腕，手心向上在右胯旁，手型兰花指放一位手位，指尖相对，眼视手（如图 5-1-24）；2 时提气，双膝伸直，手腕跟随气息向上提，指尖下垂；3 时沉气，双膝对八点再次微蹲，同时手向内转，指尖相对，手心朝下按；4 时提气，双膝伸直，双手手腕拎起，同时上身向左转动，转至八点；5 时沉气，双膝对二点微蹲，胯稍往右出，上身拧在八点方向，双手兰花指向八点方向斜下摊出，指尖朝八点方向，眼视手（如图 5-1-25）；6 时左腿向二点方向迈出右踏步蹲，同时两手抬至胸前，指尖向内绕腕，头转至右肩方向垂目；7-8 膝盖伸直成右踏步，双手翻腕后成单指向八点斜上点出，右手低且弯，左手高且较直，指尖冲天花板，头转至八点方向，眼视八点（如图 5-1-26）。

2×8：右脚上前并步，随后重复 1×8 动作的反面。

3×8：1-2 右腿后撤一步，成右踏步，左手保持不动，同时右臂单指穿于左臂内，单指指向左斜上方，手背朝一点方向，眼视八点方向（如图 5-1-27）；3-4 左腿后撤一步，成左踏步，右手保持不动，同时左臂单指穿于右臂内，单指指向二点方向，指尖朝天花板，眼视二点方向；5 时右脚后撤与左脚并拢成正部位，双膝弯曲，胯部往左，双手同时单指手心朝内下拉；6 时膝盖微伸直，胯部放直，双手开至侧平举位置，指尖向旁。手拎上来时提气，立半脚掌，眼视一点（如图 5-1-28）；7-8 上身保持直立，吐气，胯部往右，双膝微微弯曲，同时单指手心朝外向中间靠拢，于胸口高度，眼视一点（如图 5-1-29）。

4×8：做 3×8 动作的反面。

5×8：1-2 左腿向二点方向迈出，成右踏步，同时两手凤指，右手与左手手心相对，右手在下，手心朝上，手指尖对八点方向由胃前向三点斜上方拉出，左手在上，手心朝下，手指尖对三点方向由胃前向七点斜下方拉出，手臂不用太直。头往左侧小幅度倾倒；3 右脚上步与左脚并拢，胯往右侧微出，双膝保持弯曲，重复 1-2 的上身动作的反面，幅度缩小，手只在胸前动作，加速一拍一次；4 时重复 3 的反面动作，脚下不动，胯往左侧微出；5 时右膝保持弯曲，左腿向七点方向伸出，脚背朝一点点地，右手逆时针方向转到托掌位置，保持手型为凤指，左手由内往外朝八点方向摊出，手臂伸直展开，上身右旁提，头左倾，眼视八点（如图 5-1-30）；6 时左臂弯曲，左手向内盘手，与腰部齐平；7 时朝二点方向上左脚呈右后踏步，左手经过盘手由七点向上拎，双手朝天花板方向，手背靠拢，身对二点方向，低头；8 时脚下不动，手腕相对，手心互对，左指尖朝二点，右指尖朝六点一拍打开，同时抬头看一点斜上方（如图 5-1-31）。

6×8：1-7 右腿直接向八点方向上步，然后重复 5×8 的 1-7 的反面；8 时左手手心朝下，凤指轻轻搭在右臂中间位置，右手手臂位置不动，手心朝上，手指指尖对八点方向，同时抬头看八点斜上方（如图 5-1-32）。

7×8：1-2 面朝一点方向，右腿向后撤，呈右踏步，右手肘冲三点方向架起，同时手心朝地，大拇指向内做轮指，眼视一点；3-4 做 1-2 的反面；5 时身体转向三点方向，将左腿朝三点方向迈出，脚后跟着地，手肘夹在腰两旁，右手略比左手高，两手同时手心向上打开轮指（如图 5-1-33）；6-7 时面向三点上右脚，右脚在前追步，双手胃前位置，右手在上，手心向下盖住并交叉；8 时左脚向二点上步呈右踏步，双手由下向内翻手呈交叉的空拳，右手在内，手背对二点方向，手的高度与头顶齐平，眼视一点（如图 5-1-34）。

8×8：1-7 重复 7×8 的反面；8 拍半时并脚面对二点向上立半脚尖，双手伸直上举，手背相对，手腕贴手腕，兰花手型（如图 5-1-35）。

9×8：1-4 左脚向二点方向迈一大步，呈弓步，重心推至左脚，左手伸直由下弧线向二点方向斜下伸出，右手落至六点斜上方。两臂呈一百八十度，兰花掌，两手手背朝上（如图 5-1-36）；5-8 重心推至右脚，左脚点地，上身向后微仰，两手摇臂，左手经过上方划至六点斜上方，手背朝上，右手经过下划至二点斜下方，手心朝上，眼视二点斜上方（如图 5-1-37）。

10×8：1-2 时两拍一次完成 9×8 的 1-4；3-4 时两拍一次完成 9×8 的 5-8；5-6 两拍一次完成 9×8 的 1-4；7-8 右腿向前并步，两腿伸直，立半脚尖，左手直接向上拎至天花板，右手经过下方划至二点，最后拎至天花板。身体面对一点，两手伸直兰花指，手背对手背靠拢。

11×8-12×8：重复 9×8-10×8 动作的反面；12×8 的 8 时，左脚上步并拢右脚，双手不拎向上方，而是伸直横举至七点方向，上身面对七点方向，双手并拢手心朝下，身体直立，立半脚掌（如图 5-1-38）。

13×8：1-2 右脚对三点方向打开，双腿二位蹲，同时双手打开至侧平举，下蹲时快速吐气，微抖动双肩，上身直立，身对一点眼视一点（如图 5-1-39）；3-4 左手经过下弧线直横举至三点方向，与右手并拢，双手手心朝下，同时左腿向右腿靠拢，站直，身体对三点方向，立半脚掌；5-6 左脚对七点方向打开，其余动作与 1-2 相同；7-8 做 3-4 的反面。

14×8：重复 13×8 的动作。

15×8：1-2 落半脚尖，右腿向三点方向直腿擦出点地，上身向右转身至一点，左手放松自然下垂，头留在七点，眼视七点斜下位，同时右手伸直由下经三点拎至上方（如图 5-1-40），运动时手心朝上，随后弯肘，由指尖带动从右耳旁向下穿；3 时指尖继续从腋下向三点方向穿出，此时重心随手移动至右腿，头也逐渐向右看；4 重心移动至左腿，两腿膝盖自然弯曲，同时右手肘向右腰方向内收，右手手心朝上（如图 5-1-41）；5 右腿用寸劲跺地，右肩向前稍送，同时快速吐气，右手手指尖向三点方向寸劲微微刺出。身体保持对一点方向，眼视三点；6 右手手背外推，手臂稍伸直，重心移至右腿，右腿自然弯曲，左腿伸直抬前腿二十五度朝八点方向，绷脚，身体转向八点方向，眼视八点斜下方（如图 5-1-42）；7 时继续向右倒重心，左脚向三点方向撤步，同时右手经过下弧线向七点方向划至天花板，上身向左含胸。随后，右脚打开，与左脚平行，重心在两腿之间，右手继续向三点方向划圆，左手跟上，与右手呈一百八十度，整个人呈“大”字形，面对一点，仰头；8 时脚下不动，上身向四点方向回身转腰，同时左手由上划到三点，右手由三点向下划到七点，头看五点方向，后背对一点。

16×8：1 时左手经由下弧线划至七点斜下位，右手经由上弧线划至三点斜上位，同时左脚向三点直腿伸出，右腿深蹲，上身向前探出，呈扑步，眼视三点斜下方（如图 5-1-43）；2 时保持动作不动；3-4 维持高度将重心移动至左腿，同时手经过侧平举到左手高右手低，随后左手再伸直往上拎，左腿由弯伸直，右脚向左脚靠拢收回正步，整个人站直，左手直指天花板，手心朝一点，右手自然垂下，下巴微扬，眼视一点斜上位，提气；5-8 左手转成手背朝前，手臂由手肘带动弯曲，缓缓从前落下，同时双膝微曲，含胸吐气。

17×8：1-2 双手小臂提起，手握拳置于胸前，手背朝上，随后，双手由小指开始向一点方向带出做轮指，手心对一点，同时提气，此动作只动手腕，手肘与手臂高度不动；3-4 由小指带动向胸前轮指收回到握拳，手心向内，手肘随呼吸而动，双膝微曲，同时吐气含胸；5-8 双手握拳由下向一点翻出，翻出时做禅指，指尖朝上，右手心对八点，左手心对二点，同时提气，手肘随气息架起，双膝伸直（如图 5-1-44）。

18×8：1-2 加速做 16×8 的 1-4，翻出时做凤指（如图 5-1-45）；5-8 沉，脸转向后方，双膝微屈，随后提时右脚向八点方向上步，呈左踏步，同时双手交叉于头顶高处手心向内做空拳，右手在外，手背朝八点方向，身对八点，最后脸慢慢转向一点。（如图 5-1-46）。

（图 5-1-23）

（图 5-1-24）

（图 5-1-25）

（图 5-1-26）

（图 5-1-27）

（图 5-1-28）

（图 5-1-29）

（图 5-1-30）

（图 5-1-31）

（图 5-1-32）

（图 5-1-33）

（图 5-1-34）

（图 5-1-35）

（图 5-1-36）

（图 5-1-37）

（图 5-1-38）

（图 5-1-39）

（图 5-1-40）

（图 5-1-41）

（图 5-1-42）

（图 5-1-43）

（图 5-1-44）

（图 5-1-45）

（图 5-1-46）

（组合改编自：王伟《身韵巡礼》）

4. 舞姿综合训练[①]

中国古典舞的训练中有许多舞姿，如卧鱼、顺风旗、立身射燕、姿态斜腰，等等。这些舞姿使古典舞细腻的动作与大幅度的舞姿变换结合，使其既可以柔美细腻，又可以行云流水、潇洒自如。该组合注重身韵中的舞姿训练，尤其需要舞蹈者注意动作之间衔接的流畅性、舞姿中强调的“拧身”“亮相”的特点，以及对该舞蹈思想内涵的理解，以便学习者理解身韵的动态之美。所谓身法是身韵之美的要点，动作的快慢、缓急都体现出古典舞的规律性。而在把握古典舞规律的同时，需要舞蹈者做好对“度”的把握，舞蹈动作不能过紧，也不能过慢，不能过松，也不能过散。每一个舞蹈动作、每一个眼神都体现出古典舞的和谐美。因此，该组合抑扬顿挫，动静结合的特点要求演员对肢体动作有着较强的控制能力，具有训练价值。

4.1 舞姿综合训练组合：

准备：背身，左手按在左胯斜前方位置，右脚踏步在左腿斜后方，右手摊掌对七点斜上方（如图 5-1-47）。

1×8：1-4 向右转身的同时，右脚上步至一点，右手向右单晃手，划小弧线，随后左手向左单晃手盖手，同时身体转向二点方向，左脚上步并右脚，微蹲（如图 5-1-48）；5-8 双脚同时发力起跳，右脚先落地，同时左脚向二点上步，形成右踏步，同时右手从左手盖手的上面，由右胯前摊掌向三点方向穿出呈山膀手，左手按在左胯前方，穿手时亮相，身体拧至一点，眼视一点（如图 5-1-49）。

2×8：1-4 上身经过“沉”转向后方，双膝弯曲，重心移向右脚，左脚勾脚，右手收回至右胯旁，左手不动，同时身体从右向后转身至六点（如图 5-1-50），转至六点后膝盖伸直；5-8 右手推出呈山膀，提气拧身至一点，移动重心到左脚，回到 1×8 的 5-8 造型的位置。

3×8：1-4 右脚向左前方上步，左手向左单晃手打开，身体向左转至后方，随后右手向左单晃手盖手，左脚上步并右脚，身体转向四点方向，沉气，膝盖微微弯曲；5-8 双脚同时发力起跳，左脚先着地，同时右腿往四点方向上步，呈左踏步，同时左手从右手内向上穿手，掌心对着自己，到头上方时变托掌，右手往下按后向右旁推开

① 该组合部分引用于“身韵巡礼”。

呈山膀，双手做顺风旗亮相（如图 5–1–51）。

4×8：1–4 上身经过“沉”，拧身向左转向一点，双膝弯曲，重心移向左脚，右脚勾脚，同时双手向内转手腕，由手肘带动收回到胃前交叉，手心向上，同时身体从左向前转身至一点，转至一点时膝盖伸直；5–8 提气拧身，向右转向后方，双手向旁推出呈山膀，移动重心到右脚，左踏步（如图 5–1–52）。

5×8：1–2 迅速向左转身至一点，重心移动到左脚后，右脚向六点方向撤步蹲下，形成右踏步蹲，同时左手按至右肩前，手肘往下放，右手由指尖向下带动往左穿，经过两手手心相对且平行后向左斜下方穿，眼随右手（如图 5–1–53）；3–4 重心移动到右脚，随后迅速站起，身体对二点方向，同时左腿向八点方向勾脚伸直打开，控制在离地二十五度左右，右膝盖微弯曲，同时手打开到右手在上顺风旗的位置，转头看右手（如图 5–1–54）；5–6 保持造型不动，左脚落地右脚跟上向八点方向错步；7–8，右脚上步并左脚，双手手肘向下带动掌心向内收回胃前，同时沉气向二点方向转身，双腿微屈。

6×8：1–2 双手从下向两旁打开，到手心向内的顺风旗，左手对七点斜上方，右手对三点方向，身对一点。同时双脚跳，左脚先落地。右脚随后向八点方向前点地。头看两点斜上方（如图 5–1–55）；3–4 保持造型不动，双手指尖继续延伸；5–8 双手手肘向下带动掌心向内收回胃前，同时吐气，右脚收回。

7×8：1–4 提气，身体转向一点，同时向左双手提起，经过半个双晃手打开，左手向下按时提手肘，按至左肋旁约二十厘米处，同时右手向二点方向摊掌，手臂伸直。右脚向二点打开，勾脚着地，左腿微曲。头随着右手方向转动（如图 5–1–56）；5–8 保持上身姿势往左拧身至八点，右手伸直，经过最长的弧线向前至八点。拧身时，经过蹲重心移动至右脚上，眼随右手。随后沉气，左脚收回呈丁字步，同时右手收回到按掌，左手向后收回至背手，身对八点，亮相时眼视一点（如图 5–1–57）。

8×8：1–2 左脚向六点方向撤大步，重心保持在右腿上，右腿膝盖弯曲，同时身体拧向二点，右手向上抬起，经过一点方向掌心对外向后划弧线，眼随右手；3–4 快速将重心推到左脚，随后右腿向后撤大步，左腿膝盖弯曲，同时身体拧向八点，左手向上抬起，经过一点方向掌心对外向后划弧线，眼随左手；5–6 重心移动至右腿，左腿提膝对一点方向抬起，脚尖点在右腿上，同时微微向左拧身，双手从左下方提起，向右做大的双晃手（如图 5–1–58）；7–8 最后左腿向七点方向迈步，重心落左脚，呈左弓步，右手手心向上朝两点钟方向伸直，左手小臂弯曲向下盖并提肘，按至左肋旁二十厘米处，头同时看向两点方向，做一个结束的亮相（如图 5–1–59）。

（图 5-1-47）

（图 5-1-48）

（图 5-1-49）

（图 5-1-50）

（图 5-1-51）

（图 5-1-52）

（图 5-1-53）

（图 5-1-54）

（图 5-1-55）

（图 5-1-56）

（图 5-1-57）

（图 5-1-58）

（图 5-1-59）

（组合片段选自：王伟 《身韵巡礼》）

第二节　剑的基本训练

剑舞是舞蹈与剑术的结合体，因为手持剑而舞，所以被称作剑舞，又被称为剑器舞。剑舞的历史是悠久的，从唐代开始发展至今。剑舞博大精深，目前通过剑舞来弘扬中华优秀传统文化还只是个开始。而中国古典舞剑舞就是把武术转化为舞蹈形式，中国古典舞让这门古老的艺术形式展开了新的生命，经过专家学者们的不断提炼、整合，在剑术的基础动作上进行舞蹈动作的变化、美化、演变，使中国古典舞身韵与武术剑术完美融合，在这个时代焕发出新的光芒。

本节训练中分两个部分：第一个部分是单一动作练习，由剑的基本七大要素、点崩剑、里外腕花、盘剑、云剑、出剑、收剑等技术组成；第二部分为加入表演性的两个综合组合，从而全方位地进行剑的练习。

剑舞的训练在肢体、舞姿、步伐、心理及审美等方面都具有非常大的训练价值。遇到古装题材、军事题材等戏时，对于剑器的熟悉能够使演员更好地完成与应对表演。因此，剑舞作为古典舞身韵训练中不可缺少的一部分，在表演的教学训练中十分重要。

1. 剑的各部位名称

剑由剑身和剑柄两部分组成。

剑身包括：尖，剑身前端锋利部分；脊，剑体中线凸起；刃，剑身两旁的刃；

剑柄包括：格，剑茎和剑身之间的护手，又称为卫、璏、剑镗；首，茎的末端常有的圆形部分，又称为镡（如图 5-2-1）；箍，茎上的圆形凸起的纹饰；緱，在茎上缠绕的绳子；缰，系在剑首的皮绳，用于悬挂在手腕上便于取用；穗，系在剑首的流苏，又称剑袍，有穗的剑称为文剑，佩戴于文人权贵身上，由早期的剑缰演变而来，在剑术套路中有一定用途。

此外，剑通常配有剑鞘，又称为“室”，套在剑身之上，有保护剑身和方便携带的作用。

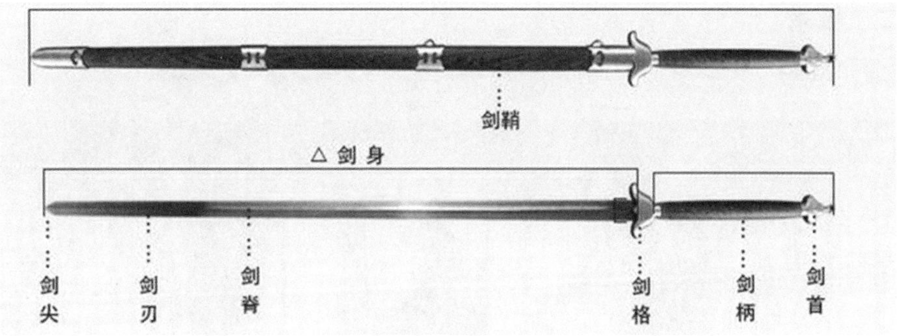

（图 5-2-1）

2. 基本手型

剑指：中指与食指伸直并拢，其余三指屈于手心，拇指压在无名指和小指的第一指节上（如图 5-2-2），注意中指与食指不允许分开。

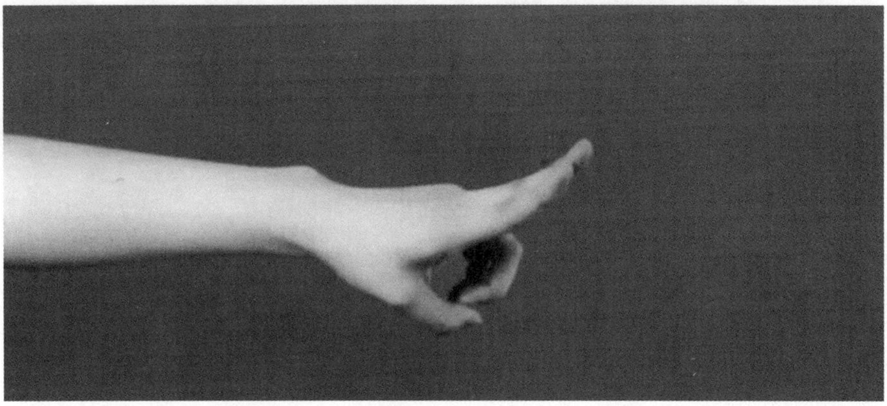

（图 5-2-2）

3. 握剑基本方法

3.1 持剑

（一）做法

右手心紧贴剑格，食指附于剑柄，拇指和其余手指扣紧剑格两侧，剑脊轻贴前臂后侧（如图 5-2-3）。

（二）要求

手要紧握剑，使剑身与地面保持垂直状；不得使剑刃触及身体。

（图 5-2-3）

3.2 握剑

（一）做法

正握：手握剑柄，拇指屈压于食指第二指节上，其余四指并拢握紧剑柄，此时剑刃的方向为上下（即立剑）小指一侧的剑刃在下（如图 5-2-4）。

反握：与正握剑相反，立剑，小指一侧的剑刃在上。

仰握：平剑（即剑刃的方向为左右），握剑的手心向上。

俯握：平剑，握剑的手心向下。

（二）要求

握剑时手腕要松，手指要活，手心要空；握剑以拇指、中指、无名指为主，食指、小指配合，随动作的变化时紧时松，顺其自然。

（图 5-2-4）

4. 点崩剑与里外腕花组合

4.1 点崩剑

（一）做法

第一步：准备姿势，剑尖朝上置于身体右侧，右手握剑，手向下伸直且放松，虎口位置卡住剑柄，剑尖与眉齐平。左手手势为剑指，按掌放在右肩前，眼视剑的方向（如图 5-2-5）。

第二步：左手从右肩前将手心转向朝上的同时，经过下弧线从左侧面向上拎起，头随左手动，重心和身体向手划动的位置微微倾斜（如图 5-2-6）。

第三步：左手向上拎到斜上方时，右手向右侧伸直抬起，在左手到顺风旗托掌位置时，托掌的同时把剑点出，点剑时手臂伸直，手腕左侧提起，手心对前，手臂高度在右侧平举位，剑穗在点剑时会有一个弧度向上抛起绕向手臂后侧，亮相时头看剑的方向（如图 5-2-7）。

第四步：崩剑时右手腕右侧下压，带动整个手臂，手臂打直。手按照点出的线路收回准备姿势，身体向左倾斜，左手由顺风旗位直接落下。剑指点在右肩前。

（二）要求

点剑点出时与崩剑收回时都要快出，快收。手肘切记不要弯曲，身体与剑在崩剑时尽量保持平行。

（图 5-2-5）

（图 5-2-6）

（图 5-2-7）

4.2 里外腕花

外腕花

（一）做法

第一步：准备动作，站立，右手握剑抬至九十度，将剑尖朝上，手心朝前，左手自然下垂，身对一点，眼视一点（如图 5-2-8）。

第二步：右手手腕发力，剑尖向三点方向打开。

第三步：手指稍微松开，剑尖继续向下走，转腕至手心朝上，手指打开，虎口位置卡住剑柄，让剑自然下垂（如图 5-2-9）。

第四步：虎口位置发力，将剑尖向七点方向挑，与后背越近越好（如图 5-2-10），

第五步：剑的线路经过后脑勺，继续向上，最后回到准备动作。

（二）要求

剑尖的线路是一个立圆。在动作时手臂打直，虎口夹住剑而不是握剑。需要在连贯的动作练习时找到发力的方式，运用巧劲进行动作。

（图 5-2-8）

（图 5-2-9）

（图 5-2-10）

里腕花

（一）做法

第一步：准备动作，站立，右手握剑抬至九十度，将剑尖朝上，手心朝前，左手自然下垂，身对一点，眼视一点。

第二步：右手手腕发力，剑尖向三点方向打开。

第三步：剑尖继续向下走，右手向左转腕至手背朝前，手指微松，虎口位置卡住剑柄，让剑自然下垂（如图 5-2-11）。

第四步：虎口位置与手腕发力，将剑尖向七点方向挑，剑从身体前、脸前经过，且距离越近越好（如图 5-2-12）。

第五步：剑尖继续向上，回到准备动作。

（二）要求

剑尖的线路是一个立圆。一定要向三点方向打开，在动作时手臂打直，虎口夹住剑而不是握剑，需要在连贯的动作练习时找到发力的方式，运用巧劲进行动作。

（图 5-2-11）

（图 5-2-12）

4.3 出剑

（一）做法

第一步：右手持剑站立，左手自然下垂。右手掌心向后，剑尖朝上，除食指外握住剑柄，食指向下与剑柄贴合。

第二步：手臂向三点钟方向抬起，手背朝上，抬到侧平举位，同时用食指和中指夹住剑柄，用力向上甩。将剑从下向上挑，剑尖经由下方经三点方向到上方划平圆（如图 5-2-13）。

第三步：手臂侧平举，剑尖继续向七点划立圆，旋转到背后且保持与身体水平，此时变手，将中指、无名指、小指握住剑柄，使剑柄从水平再向下旋转到三点方向水平位置（如图 5-2-14）。

第四步：剑尖向下时，食指伸出与剑柄贴合，食指用力向上、向三点方向挑，同时向右转腕至手心朝上握住剑（如图 5-2-15）。

（二）要求

动作过程中手臂一直保持侧平举位，控制好出剑的方向及力度的把握，剑刃旋转的过程中勿伤到自己，出剑结束手臂要伸直。

（图 5-2-13）

（图 5-2-14）

（图 5-2-15）

4.4 综合训练组合一（点崩剑与里外腕花）：

1×8：右手持剑，左手自然下垂，身对一点，直立，目视前方。

2×8：1–4 右手向三点方向出剑；5 崩剑，左手剑指点在右肩前，视线看向剑尖的方向；6–8 不动。

3×8：1–4 左手手腕虎口翻转向外保持剑指，手心向上，从上至下往左绕半圆至头顶正上方托掌，手心翻转朝正上方，第三拍时剑指指向三点方向，同时右手向三点方向做点剑，左手与右手成九十度夹角。视线随左手行动轨迹至三点方向定格，目视剑尖；5–8 收回至 2×8 的 5–8 拍动作。

4×8：重复 3×8 的动作。

5×8：1–4 上身动作与 3×8 的 1–4 的动作相同，出左手时向左倒重心，同时迈出左脚至七点方向做弓箭步，重心倒至左脚上（如图 5–2–16）；3 时右手点剑同时左脚快速收回直立，视线与 3×8 相同；5–8 崩剑，收回至 2×8 的 5–8 拍动作。

6×8：重复 5×8 的动作，1–6 相同；7–8 时左手同 3×8 的 1–4 拍的动作，右手同时向上水平握剑，剑尖朝正上方，视线看一点方向。

7×8：1–4 右手先外腕花后里腕花，左手同 3×8 的 1–4 拍动作，4 定格时右手握剑指向三点方向斜下四十五度，左手托掌剑指，视线随左手至右手剑尖；5–8 右手将剑向内挑在身体前划平圆，剑尖经过三点——正上方→七点→正下方（如图 5–2–17），最终至三点方向斜下四十五度，同时左手直接下落，收至右肩前保持剑指点肩膀。视线随剑尖划半圆（如图 5–2–18）。8 时到位，右手手背向外。

8×8：1–2 保持造型，剑尖带动向三点斜下方走，重心被带动微向右倾倒，头看剑尖方向（如图 5–2–19）；3–4 重心向左倾倒，同时右手臂保持位置转动至手心对一点，左手剑指转腕向下打开，由下朝七点方向出，视线看左手方向，这四拍要做出“送剑”和“抽剑”的感觉（如图 5–2–20）；5 重心由第四拍的向左倾倒迅速回正，左手最终到剑指托掌位，手臂动作与 3×8 的 1–4 拍动作相同，右手同时向上水平握剑，剑尖朝正上方，同 6×8 的 7–8 拍动作，视线先随左手，后亮相时看三点方向；6–8 不动。

9×8–10×8：重复 7×8–8×8 的动作 .

11×8：1 时左脚向六点方向往旁迈步，迈步后重心移到左脚，身对八点，视八点，左手剑指背手，右手里腕花一圈；2 右脚跟到左脚左后方五点方向踏步站立，身体面向八点方向。左手剑指背手，右手外腕花一圈，在过程中向右转身；3–4 身体转至四点，剑经由下弧线贴着身体划到六点方向（如图 5–2–21），随后左脚跟上右脚，并步站直，左手剑指回到托掌处，右手伸直压腕，手臂平举，剑尖经过六点朝天花板（如

图 5-2-22）；5 背身左脚朝二点方向向旁移动，身对四点，视四点，左手剑指背手，右手里腕花一圈；6 右脚跟上，在左脚左后方的一点方向踏步站立，身体面向四点方向。左手剑指背手，右手外腕花一圈，在过程中向右转身；7-8 左脚跟上右脚，并步站直，身体右转至八点，左手剑指回到托掌处，身对八点，眼视二点，右手伸直压腕，剑经由下弧线贴着身体划到二点方向，手臂平举，剑尖经过二点朝天花板。5-8 为改变方向重复 1-4 的动作。

12×8：重复 11×8 的动作，3-4 脚下变为左踏步蹲；7-8 变为右踏步蹲（如图 5-2-23）。

13×8：重复 11×8 的动作，3-4 脚下变为小射雁；7-8 变为小射雁（如图 5-2-24）。

14×8：1-2 右脚屈膝蹬地起跳，同时左脚向七点方向擦出，随后左脚落地，右脚迅速后踏步。在起跳时，两手向左双晃手，经过上方，落到左手在七点方向山膀，手势剑指，右手在持剑按掌的位置，剑尖对七点。上身前倾，使右手至膝盖的高度，做向右踏步翻身准备动作，头看地面（如图 5-2-25）；3-4 踏步翻身一圈（如图 5-2-26）；5-8 右手保持三点方向侧平高度，剑尖经过下方、七点方向、上方、三点方向，由里向外从身前划过，同时，身体随着提气直立，转向三点方向，左脚直腿从后向旁擦地划出，至三点方向前点地，右腿保持屈膝。左手剑指划圆，由七点起，经过上方落至剑脊，最后收到右胯骨旁紧贴，同时头转向三点方向（如图 5-2-27）。

15×8：1 右手向三点刺出，左手紧贴左胯，手心朝下剑指，手肘冲七点方向，同时重心推至左腿；2-8 最后朝三点方向跑下场（如图 5-2-28）。

（图 5-2-16）

（图 5-2-17）

（图 5-2-18）

（图 5-2-19）

（图 5-2-20）

（图 5-2-21）

（图 5-2-22）

（图 5-2-23）

（图 5-2-24）

（图 5-2-25）

（图 5-2-26）

（图 5-2-27）

（图 5-2-28）

（音乐创作：上海奕和文化传播有限公司）

5. 盘剑与云剑组合

5.1 盘剑

（一）做法

第一步：准备姿势，身体直立对一点，视一点。左手持剑，剑尖朝上背于左臂后，右手剑指背手。

第二步：左臂抬起九十度，手背朝前，剑贴手臂后侧。剑尖对三点方向（如图 5-2-29）。

第三步：左手向头顶举起，同时压腕，剑尖经过七点→一点→三点方向划平圆，剑尖挑起与抬起的手臂呈九十度（如图 5-2-30）。

第四步：剑尖指向四点方向时，左手肘弯曲向下，剑尖继续往六点方向划，左臂落下，至于胃前，大臂与小臂呈九十度。左手端剑，手心朝上（如图 5-2-31）。

第五步：左手手臂向上举直，剑尖逆时针划平圆，原路返回至第二步的动作。

第六步：落手，回到准备姿势。

（二）要求

盘剑中最重要的是剑的线路为平圆，且举手、落手与剑划出来的圆启动在同一时间。因此，要多加练习，避免剑削到自身。

（图 5-2-29）

（图 5-2-30）

（图 5-2-31）

5.2 云剑

（一）做法

第一步：准备姿势，身体直立对一点，视一点。右手握剑侧平举，手心向下，左手剑指背手。

第二步：左腿向七点方向横迈一步，右臂小臂向内弯曲，手肘架起，剑由三点向七点在胸前划平圆。左手同时弯曲，剑指轻点在右手手腕处。

第三步：划到七点时，上身向后下胸腰（如图 5-2-32），剑继续向三点划平圆，贴着脸走，保持横面高度一致，最后剑经过一点时起胸腰，剑不停，最终划到剑尖对七点方向，同时两手放至左胯前，左手保持位置。剑指轻点在右手手腕处。身对一点，视七点斜下（如图 5-2-33）。

第四步：左手保持位置不动，右手手心朝上，手臂与剑尖同时打开至三点斜下位，上身与重心微往右倾倒，身对一点视三点。

第五步：左手剑指按在右肩前，右手压腕，剑尖由后向上挑起最终对天花板，同时重心移动至左脚，左膝对七点方向弯曲，呈弓步。身体左倾。身对一点，视七点（如图 5-2-34）。

第六步：左手手背朝外，由旁拎起至托掌，同时右手位置不变，继续保持压腕，剑尖经过右脸旁，向斜前划，划至八点时转向一点，最后平扫至三点。在经过一点时，右手手臂向三点方向侧平抬起，同时左脚收回正步，重心推回至中间。最终呈现手臂顺风旗，剑尖对三点，手握剑，手心朝下。身对一点，视三点，正步直立的造型（如图 5-2-35）。

（二）要求

云剑中前半部分剑的线路为平圆，胸腰的配合以及剑路线的高低起伏需要注意。后半部分打开时经过立圆挑剑到横扫。在完成动作时上身随重心摆动，最重要的是后半部分的挑剑到崩剑要学会压腕，让剑尽量贴着右臂与头划过。亮相时要干脆，一拍到位，不要乱晃。

（图 5-2-32）

（图 5-2-33）

（图 5-2-34）

（图 5-2-35）

5.3 挑剑

（一）做法

第一步：准备姿势，身体直立对一点，视一点。右手握剑侧平举，手心向下，左手剑指背手。

第二步：右手握剑从旁提起至上方，剑尖朝向七点方向。左手剑指点在右肩前。右脚贴左腿吸腿，绷脚，大腿平行于地面。膝盖朝八点方向，身体拧向七点，眼视七点，整个人向上提（如图 5-2-36）。

第三步：右手保持不动，虎口微松，由剑尖带着剑身由上往下，剑尖经过七点方向到下方后往三点方向刺，手臂跟随剑尖穿过右臂腋下后伸直，手心对正上方，左手剑指点在右肩前。同时右腿跟随左手的穿手向旁落脚，点在二点方向，脚掌点地，脚尖对八点方向，身体与面向不变（如图 5-2-37）。

第四步：右手手臂在伸直的基础上保持三点方向的平举位置不动，由手肘和手心朝上，迅速翻转为手心与手臂内侧朝上，同时剑尖随手臂、手腕的带动而向右转动，手微微压腕，剑尖划出一个顺时针的小圆。最后，当手臂转到内侧朝上时，手向上一挑，回到三点方向的平举位置。同时，重心快速移动至右脚，右腿屈膝弓步，左腿迅速对六点方向伸直点地，身体快速转向一点方向，眼视二点方向，左手同步快速拎起至剑指托掌位，指尖朝向二点方向，左手肘对六点方向（如图 5-2-38）。

第五步：收剑。持剑站立，面对一点。

（二）要求

首先，挑剑中剑尖的发力定要顺着手腕的发力而动，右手划出一个小圆，使剑尖的圆不要过大。再者，挑剑使的是巧劲，整个挑剑瞬间完成。最后，一个漂亮的挑剑会使剑穗顺时针缠绕于小臂上。

（图 5-2-36）

（图 5-2-37）

（图 5-2-38）

5.4 剑花

（一）做法

第一步：准备姿势，身体直立对一点，视一点。右手握剑侧平举，剑尖朝上，与手臂垂直。手心向前，左手剑指背手，双脚打开与肩同宽，眼视一点方向。

第二步：右手手臂位置不动，剑尖向三点方向倒，然后继续向下落。同时，右手指尖打开，手心翻向上方，虎口夹住剑，做一个外腕花回到准备姿势，眼视一点方向。（该部分为第一个立圆）

第三步：右手微沉肘向下落至背后尾椎处，保持剑与手垂直，上身同时转至二点方向。随后手臂位置保持不动，剑尖向下走，经过下方→七点方向→上方→三点方向，贴着后背划一个立圆，手臂随着剑的立圆弯曲，身体随着剑的圆由二点方向转至八点方向，眼视一点方向。（该部分为第二个立圆）

第四步：上身继续往七点方向拧身，由腰部的转动带动肩膀向一点方向盖，随后手肘、手腕随着腰部的转动，贴着右腰放到身体前方。眼视一点方向（如图 5-2-39）。

第五步：剑尖继续往下方划立圆，到七点方向，与右手小臂水平，手心转向一点方向。随后右胳膊主动向下压，剑尖保持与小臂水平，经过上方后，小臂主动向旁打开，剑尖往三点方向划。在动作过程中身体转回一点方向，眼视一点方向。（该部分为第三个立圆）

第六步：右臂小臂向旁打开至三点方向时，转动至手背朝上，同时剑继续往斜下方划，手臂伸直。随后，小臂向回弯曲九十度，微提肘，手心朝七点方向，剑尖向下，与小臂呈一条竖线。随后剑尖划到七点方向，手心朝自己。剑尖继续向上方划，手肘向下压，小臂与剑始终保持一条直线，剑尖最后划到三点方向，手臂同时侧旁伸直，手心朝上。眼视一点方向。（该部分为第四个立圆）

第七步：剑尖继续往下走，衔接第二步的外腕花。

（二）要求

首先，剑花由四个立圆组成，第四个立圆后再接第一个立圆，可以进行不断地重复。第一、第二个立圆在身体后，第三、第四个立圆在身体前，且四个立圆贴身体都较近。其次，在做该动作的时候，讲究一气呵成，在立圆的衔接中速度不要明显地发生变化，四个立圆要以一个速度完成。再者，动作要注意第二个立圆与第三个立圆连接时的腰部发力。用身体的力量，拧身的方式，腰部的转动来带动剑的运动。最后，强调运动中的每一个立圆的“立”与“圆”，达到动作的行云流水，剑与身体的合二为一。

（图 5-2-39）

5.5 收剑

（一）做法

第一步：准备姿势，身体直立对一点，视一点。右手握剑侧平举，剑尖对三点，手心向上，左手剑指背手。

第二步：右手位置不变，手心摊开朝上，虎口夹住剑柄，卡住剑格，让剑尖往下掉，剑首朝上。

第三步：中指与无名指翘起在上，抵住剑柄顺势下压（如图 5-2-40），食指与中指夹住剑柄转腕将剑尖向上挑，剑的线路为紧贴后背的立圆，经过下方→七点方向→上方（如图 5-2-41）。

第四步：到上方时变手，剑依然向三点方向划立圆，同时手指微松，变为持剑的手势，让剑脊贴于小臂（如图 5-2-42）。

第五步：手臂自然垂下，剑尖朝上，剑脊贴在右臂后，呈持剑的姿势。

（二）要求

收剑是一个一气呵成的动作，要顺势而做，让动作尽量流畅，且注意剑尖划出的立圆的弧度。

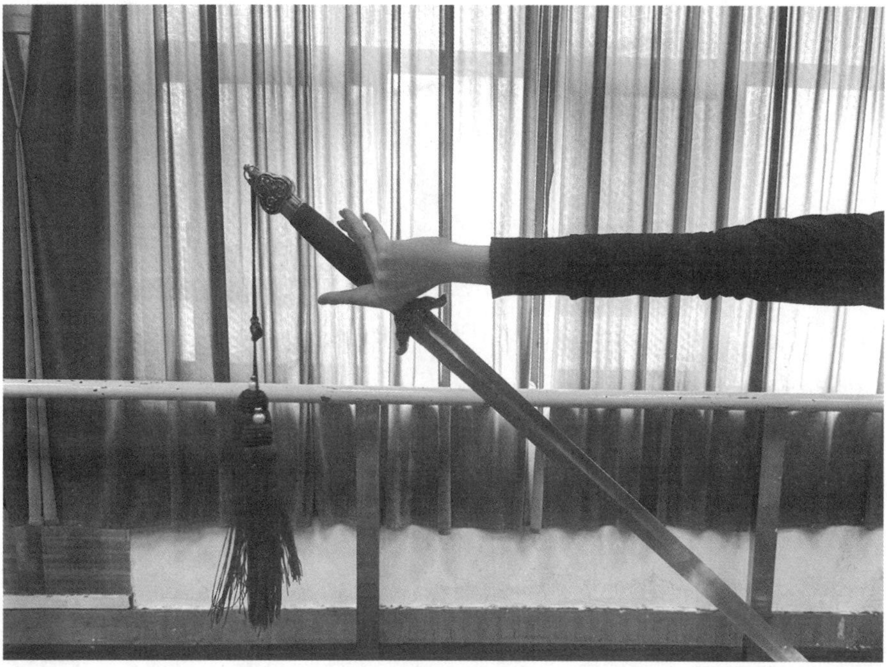

（图 5-2-40）

（图 5-2-41）

（图 5-2-42）

5.6 综合训练组合二（盘剑与云剑）

准备：一个八拍，正步站立，身对一点视一点，左手持剑准备，右手剑指背手。保持不动。

1×8：1-4 左手盘剑至胃前；5-8 左手盘剑解开，水平于地面。右手均不动。

2×8：重复 1×8 的动作。

3×8：1 时向右转身，右脚往四点方向走一小步，身体正对三点，左手举手盘剑至头顶，右手剑指举手至头顶，与左手一起做盘手（如图 5-2-43）；2 时左脚跟上，向六点方向迈步，脚尖指向七点身体正对六点，左手继续盘剑，右手剑指举手至头顶，与左手一起做盘手；3-4 继续向右转身，右脚上步，脚尖指向一点，身体转向八点，眼视二点斜上方向。最后一拍亮相，左小腿勾起做射雁，脚尖对向三点，左手继续盘剑落下至胃前，右手剑指手心向外从身前划过，抬起到斜上四十五度山膀，对向二点方向（如图 5-2-44）。动作为脚下一拍一动，左臂持剑四拍做盘剑，最后收至胃前与右臂打开山膀；5 时射雁落脚，左脚向六点上步，同时向左转身，身体正对七点，左手从胃前举手，盘剑至头顶，右手举手至头顶，与左手一起做盘手；6 时右脚跟上，向四点方向迈步，脚尖指向三点身体正对四点，左手继续盘剑，右手举手至头顶，顺着左手的方向，与左手一起做盘手；7-8 继续向左转身，左脚原地转向一点，重心移至左脚，身体正对二点，眼视八点方向。最后一拍亮相，右小腿勾起做射雁，脚尖对向七点，左手继续盘剑打开到斜上四十五度山膀位，手臂伸直，持剑，剑脊贴手臂，对向八点方向。右手剑指收至胃前，做按掌（如图 5-2-45）。

4×8：重复 3×8 的动作。

5×8：1-4 左手盘剑于肚脐与胸部之间，右手剑指放回背手，身对一点视一点；5 左手举至头顶盘剑，同时左脚向七点上步；6 时继续向左转身，右脚跟上，向三点方向踩下，踩在左脚前，身体对六点方向。右手同时举起，在盘剑过程中抓住剑柄；7-8 继续向左转身，左脚向三点方向上步，身体面对一点，右手握剑落至侧平举位，剑垂直于地面，剑尖向上。

6×8：1-4 云剑到腰间双脚打开；5 时手臂与剑横划过前方正对三点手臂微曲；6 时剑尖划逆时针半立圆，由下至后向上，身体微蹲蓄力，重心于左脚，左腿弓步，右腿伸直。左手剑指按于右肩前，眼视剑尖；7 身体发力立起，左手剑指手背带动经由下方拉开，举过头顶，手臂自然弯曲指尖对三点，即托掌位。右手发力使剑平削到三点，左脚并拢右脚；8 时亮相，保持造型不动。（这个八拍为一个完整的云剑）

7×8-9×8：重复 6×8 的动作三次。

10×8：1-2 时右脚向二点方向横迈一步，脚掌点地，重心留在左脚，身体拧向七点，眼视六点，整个人向上提，同时右手从旁提起至上方，手臂伸直，压腕，虎口微松，剑平行于地面，剑尖对三点方向。左手剑指背手（如图 5-2-46）；3 时重心移动至右腿，右腿弯曲呈弓步，右手臂带动身体转回一点方向，眼视二点。右臂经过七点与下方后，手肘拎起于按掌位，剑与左腰平行，剑尖面对六点方向。左手剑指由旁拎起至旁斜上位山膀，手臂对七点方向，手心对七点（如图 5-2-47）；4-7 右手臂向二点方向打开，其余部位保持造型，由右腰发力，带动身体与剑向右转一圈回到二点方向。左腿后腿伸直，脚尖蹭着地面（如图 5-2-48）；8 左脚向一点方向上步，重心移至左脚，左脚尖对八点方向，左腿伸直。

11×8：1-2 右脚随后贴左腿吸腿，绷脚，大腿平行于地面。膝盖朝八点方向，身体拧向七点，眼视六点，整个人向上提，同时右手握剑从旁提起至上方，剑与手臂呈一条线。左手剑指点在右肩前；3-4 挑剑，虎口微松，右手举直保持不动，剑尖带着剑身由上往下，经过七点方向到下方后往三点方向刺，手臂跟随剑尖穿过右臂腋下后伸直，手心对正上方，左手剑指点在右肩前。同时右腿跟随右手的穿手向旁落脚，点在二点方向，脚掌点地，脚尖对八点方向，身体与面向不变；5 时挑剑，重心快速移动至右脚，右腿屈膝弓步，左腿迅速对六点方向伸直点地。同时身体快速转向一点方向，眼视二点方向，左手同步快速拎起至剑指托掌位，指尖朝向二点方向，左手肘对六点方向；6 时右手肘弯曲，将剑平行的抽回到腰间，手肘贴右腰，剑与手臂一条线且平行于地面，手心向上。左手由托掌落下，剑指点在剑格上，含胸，上身微微弯曲弓背，拧身至三点方向，眼视剑格。同时双膝微曲（如图 5-2-49）；7 时右脚蹬地单脚原地起跳，左脚随着右脚的跳起九十度吸腿，绷脚点于右膝盖内侧，左膝盖对二点方向。同时右手握剑向二点斜上方向刺出，手臂伸直，剑与手臂一条直线，手心朝上。左手剑指点抽回至左胯旁，手心向下。该动作身体对二点方向，眼视二点斜上方（如图 5-2-50）；8 时落地，保持身体姿态。

12×8：1 时做剑花的第一个立圆，同时左腿朝七点方向旁撤步，上身保持对二点方向；2 时做剑花的第二个立圆，同时重心移至左脚，右脚快速向左脚后面的六点方向撤步，做右踏步，身体转向一点方向。3 时做剑花的第三个立圆，同时左脚横向向七点方向打开，重心移动到两脚中间，两脚与肩同宽，脚尖对一点方向。该三步一拍一步，用于脚下调整位置。4 时做剑花的第四个立圆。上身保持站直不动，眼视一点方向；5-8 继续做一个剑花（一共做了两个剑花，做时讲究速度平均，切勿忽快忽慢）。

13×8：1-2 继续做剑花的前两个立圆；3-4 时右手握剑在腰前，直接向八点方向抬手，将剑往上方带，手心向外。同时左手从身后剑指向上举，找右手，点在右手手腕处，手心向外。双手举手过头顶时剑的线路由立圆改变为平圆，顺时针做云剑的前半部分（该云剑的前半部分在头顶做，不下胸腰，眼视一点方向，手肘微弯）。同时右腿盖腿，上身向右转向五点方向（如图 5-2-51）。右腿落地在七点方向，双腿微屈，重心在两腿之间，身对五点，含胸低头（如图 5-2-52）；5-6 时身体面对五点方向，先向三点方向靠，做云剑的后半部分；7-8 时伴随云剑最后平削的动作向右转身，用腰部发力，重心推至右腿，右腿弓步屈膝，左腿伸直抬后腿二十五度。同时快速将身体向右转回一点方向，剑平扫到三点方向，左手抬手至旁斜上方。最后呈右腿膝盖、脚尖对三点方向，左脚后腿对七点方向，眼视三点方向的造型（如图 5-2-53）。

14×8：1-4 上身造型保持不动，左脚向三点方向上步，跑至上场门；5-8 双脚并拢，身体对一点方向站直，左手收回至背手，右手握剑至手心向上，收剑。

（图 5-2-43）

（图 5-2-44）

（图 5-2-45）

（图 5-2-46）

（图 5-2-47）

（图 5-2-48）

（图 5-2-49）

（图 5-2-50）

（图 5-2-51）

（图 5-2-52）

（图 5-2-53）

（音乐创作：上海奕和文化传播有限公司）

第六章

教学大纲

【形体基本功】

Classical Ballet

一、基本信息

课程学分:【2】

面向专业:【影视戏剧表演专业】

课程性质:【必修课】

使用教材：主教材【芭蕾舞教学法】

辅助教材【芭蕾简史】

参考教材【高等学校教材·芭蕾形体训练教程】

先修课程:【无】

并修课程:【无】

后续课程:【现代舞与流行舞（课程代码）2 个学分】

二、课程简介

“芭蕾”是法语 ballet 的音译，原义是舞蹈、芭蕾舞剧的意思。芭蕾源于意大利，用音乐舞蹈和哑剧来表演戏剧情节。本课程以它独特的舞蹈形式来训练人体优美的线条，训练表演者动作流畅，舞姿多变，造型流动，技巧精湛，这是几百年来形成的一套规范严谨的训练方法。

本课程根据芭蕾的训练手法加以调整，融入感受环节，使学生在规范了形体的同时对身体感官、情绪进行基本的认知；融入即兴环节，使学生利用逐渐开发的身体体会不同的形象与形态。

三、选课建议

此门课程为服装与艺术设计学院影视表演专业的必修课程，建议一年级第一学期学生选修。

四、课程任务和教学目标

课程任务：本课程针对影视专业的学生开设，不追求高难度动作，旨在提高学生的身体直立性以及身体协调性，使身体能够运用自如地传情达意，使体态更加灵活优美，使学生在学习过程中对美有更深的认识与体验。在学生学习的同时，加强对舞蹈形体艺术的理解，以便更好地将肢体语言融会到戏剧表演中。

教学目标：教师精心备好课以后，在课堂上讲解、示范，主要让学生反复练习，教师加以纠正，指出学生形体、技术、舞蹈感等方面的问题，再进行练习，并且在教学中注意到每个学生不同的情况而因材施教，在课堂上将普通要求与个别要求相结合。

五、课程基本内容及要求

课程基本内容：该课程主要训练 1. 韧带拉伸，2. 擦地（Battement tendu），3. 蹲（plié），4. 小踢腿（Battement tendu jeté），5. 划圈（Rond de jambe à terre），6. 单腿蹲（Battement foudu），7. 跳（Sauté），8. Balancé，9. 感觉与想象练习，10. 身体即兴练习的基本技能。

课程要求：本课程针对影视专业的学生，旨在让学生掌握风格和舞蹈的基本动作，配合专业课教学，解决学生的体态以及协调性。使学生在学习的同时，加强对舞蹈形体艺术的理解，以便更好地将肢体语言运用到戏剧表演中。学生需认真进行课堂学习，克服自身惰性，不怕苦累，全力投入。课后需进行反复排练，吸收消化课上的排练内容。

六、课内实验名称及基本要求

基本要求：1. 需穿统一练功服

2. 需盘头，着舞鞋

七、作业、考核方式和成绩评定

作业：根据教学要求在每一个教学阶段，学生要按期完成各个形体练习组合和感知练习。

考核方式：学生以课堂汇报的形式进行考核。

成绩评定：以阶段考察和期末考试相结合，成绩实行百分制。平时成绩：60％；期中成绩：10％；期末成绩：30％。

【现代舞与流行舞】

Modern Dance & Pop Dance

一、基本信息

课程学分:【2】
面向专业:【表演(影视、戏剧)专业】
课程性质:【必修课】
使用教材:主教材【舞蹈调度的王玫研究】
辅助教材【无】
参考教材【自编讲义】
注:学生应赏析有关现代舞蹈、舞剧作品。
先修课程:【形体基本功 2 个学分】
并修课程:【无】
后续课程:【舞台形体技能 2 个学分】

二、课程简介

现代舞(英语:Modern dance),是 20 世纪初在西方兴起的一种与古典芭蕾相对立的舞蹈派别。其主要美学观点是反对古典芭蕾的因循守旧、脱离现实生活和单纯追求技巧的形式主义倾向。

本课程通过现代舞中的体系训练,即兴语言表达融合舞台空间、调度、视线、焦点、动作等舞蹈技术以及通过流行舞中的双人配合、身体磨合、力度感受等,进行对学生肢体表达以及肢体能动性、爆发力、控制力的训练,使学生更好地解放天性,也是将来能在戏剧舞台、影视剧中更好地进行肢体表达与人物形象塑造所必需的基本技能。

三、选课建议

该课程是学科基础选修课，适合表演（影视、戏剧）专业一年级学生选修。

四、课程任务和教学目标

课程任务：由于本课程技术性较强，要求学生在课堂训练中充分感知自身并在空间中感知他人，通过训练加强学生的肢体协调性，节奏感和韵律感，提高学生的形体表达能力。根据学生的能力要求在基础训练之上根据现代舞技术编创、排练若干命题作品，以此加强学生的舞台表演感觉，积累舞台经验，增强学生的艺术表现力。

教学目标：通过一学期的学习，使学生了解人体结构与舞蹈表现之间的关系，在教学过程中进一步发展和提高舞蹈的基本技能与表现力，运用现代舞三大体系解放肢体的同时，结合当下现代舞创作思维激发学生对肢体的自我创作，达到全方位地提高学生的素质修养的目标。

五、课程基本内容及要求

课程基本内容：该课程主要训练 1. 收缩放松及呼吸训练组合，2. 重心训练组合，3. 时空力训练，4. 同点配合，5. 焦点转移，6. 视线技术，7. 空间技术的基本技能。

课程要求：授课循序渐进，学生需完成课后作业。课堂学习、课外编创与练习相结合才能达到教学目标。因此，学生需认真进行课堂学习，克服自身惰性，不怕苦累，全力投入。课后需进行反复排练，吸收消化课上的排练内容。

六、课内实验名称及基本要求

基本要求：1. 着宽松裤子

2. 穿袜子或赤脚上课

七、作业、考核方式和成绩评定

作业形式：回课时要达到教师上次课所提出的要求。

考核方式：学生以课堂汇报的形式进行考核。

成绩评定：以阶段考察和期末考试相结合，成绩实行百分制。平时成绩：60%；期中成绩：10%；期末成绩：30%。

【舞台形体技能】

Performance Skill on Stage

一、基本信息

课程学分:【2】

面向专业:【表演（影视、戏剧）专业】

课程性质:【必修课】

使用教材：主教材【自编讲义】

辅助教材【形体表演】

参考教材【同上】

注：学生应赏析有关戏剧、戏曲、影视作品。

先修课程:【现代舞与流行舞 064801 2 个学分】

并修课程:【无】

后续课程:【形体与身韵 2 个学分】

二、课程简介

本课程主要分两个部分。第一部分，以“情景规定性动作”项目为载体，通过掌握常见戏剧动作的表演技巧，理解表演时的动作与日常生活中的动作的区别，引导学生学习戏剧作品中常见的形体动作，达到能够在规定情境中完成动作表演进行风格及角色的气质训练。第二部分，以“历史仪表礼节”项目为载体，引导学生学习我国不同历史时期的常用礼仪规范，培养学生塑造古代人物的能力，使学生将来能在戏剧舞台、影视剧中运用塑造历史人物所必需的基本技能来进行表演。

三、选课建议

该课程是学科基础选修课，适合表演（影视、戏剧）专业二年级学生选修。

四、课程任务和教学目标

课程任务：在一学期的课程中，教授情景表演中常见的戏剧动作，并以命题小品的方式使学生掌握基本的情景性规定动作，通过形体基本技能训练，使学生能在艺术形象创作中起到以假代真的舞台或银幕效果。这也是学生在戏剧舞台、影视剧中塑造各类人物所必需掌握的基本技能，使形体动作达到质朴实用即真实又美感的效果。

教学目标：通过观摩分析、模仿、表演作品中的形体动作，尝试在规定情境中完成形体表演，掌握形体表演的技巧，理解情景规定性动作及不同时期的文化特征与礼仪礼节的特点，以达到培养团队协作精神，提高学生审美能力，建立保护和传承传统文化的意识，提升道德情操的目标。

五、课程基本内容及要求

课程基本内容：该课程主要训练 1. 毯子功，2. 倒功，3. 枪击摔倒，4. 卧式爬行，5. 抢救，6. 刀枪对打，7. 中国各历史朝代礼仪的基本技能，设计训练动作要科学又安全。要求学生课堂学习和课外练习相结合才能达到教学目标。

课程要求：学生在具备塑造形体的观念、具有正确的学习方法、具备一定的表演技能下，需认真进行课堂学习，克服自身惰性，不怕苦累，全力投入。课后需进行反复练习，吸收消化课上的练习内容。

六、课内实验名称及基本要求

基本要求：需穿统一练功服。

七、作业、考核方式和成绩评定

作业形式：回课时要达到教师上次课所提出的要求。

考核方式：学生以课堂汇报的形式进行考核。

成绩评定：以阶段考察和期末考试相结合，成绩实行百分制。平时成绩：60％；期中成绩：10％；期末成绩：30％。

【形体与身韵】

Physique Training & Body Rhyme

一、基本信息

课程学分:【2】

面向专业:【表演（影视、戏剧）专业】

课程性质:【必修课】

使用教材：主教材【中国古典舞身韵教学法】

辅助教材【中国古典舞·身韵巡礼】

参考教材【中国古典舞剑舞教程】

注：学生应赏析有关中国古典舞的作品。

先修课程:【舞台形体技能 2 个学分】

并修课程:【无】

后续课程:【无】

二、课程简介

中国古典舞，在历史的长河中经过中华文化洗礼，不断借鉴与发展后，融合中华舞蹈文化神韵之精华，透显着中华民族坚韧的性格、崇高的品质、广博的文化、深刻的底蕴。此门课通过身韵中的身法训练，要求学生掌握一定的古典舞气韵和剑的使用，能够使学生在表演中更好地运用不同的道具塑造各个角色，较准确地理解和表演不同类型的作品，并更加了解中国文化的博大精深。

三、选课建议

该课程是学科基础选修课，适合表演（影视、戏剧）专业二年级学生选修。

四、课程任务和教学目标

课程任务：以“身韵身法”为载体，引导学生学习中国古典舞身韵中的不同元素，延展至剑的古典舞道具的技能教学，通过道具的运用，让学生树立正确的身形表演观念，能使肢体在表演中更加协调并能更加熟练地使用道具。注重“身”与“形”的结合。不仅需要指导学生掌握舞蹈技法，更要在舞蹈学习的基础阶段，对学生舞蹈形态进行培训与调整，指导学生加强身韵训练。同时，除了在舞蹈动作上为学生进行指导，也要加强学生对该舞思想内涵的认识，从整体上把握舞蹈动作，全方位学习与训练。如此，便可以做到古典舞中强调的神形合一。

教学目标：首先，通过提、沉、冲、靠、含、腆、移、旁提的中国古典舞身韵的形体基本技能训练，使形体动作达到质朴又实用，真实又美感的效果，使学生能在艺术形象创作中身体更佳自然松弛，这也是学生在戏剧舞台、影视剧中塑造各类人物时所必需掌握的基本技能。其次，注重培养学生传统文化基础。中国古典舞吸收和借鉴了我国历史悠久的传统文化与戏曲艺术，将传统文化蕴含在每一个舞蹈动作设计之中。因此，在教学中不仅仅重视舞蹈基础动作训练，更要注重培养学生传统文化基础。

五、课程基本内容及要求

课程基本内容：该课程主要训练 1. 身韵——提、沉、冲、靠、含、腆、移、旁提，2. 剑舞——出剑、收剑、点绷剑、刺剑、云剑、盘剑等的基本技能，以及组合“气之源”“手之语”“手位与步伐”“点崩剑与里外腕花”“盘剑与云剑”。设计训练动作要科学又安全。要求学生课堂学习和课外练习相结合才能达到教学目标。

课程要求：学生需具备自主分析能力、塑造形体的观念、正确的学习方法，认真进行课堂学习，克服自身惰性，不怕苦累，全力投入。课后需进行反复排练，吸收消化课上的排练内容。

六、课内实验名称及基本要求

基本要求：1. 需穿统一练功服、舞鞋。

2. 需携带课堂所需的道具。

七、作业、考核方式和成绩评定

作业形式：回课时要达到教师上次课所提出的要求。

考核方式：学生以课堂汇报的形式进行考核。

成绩评定：以阶段考察和期末考试相结合，成绩实行百分制。平时成绩：60%；期中成绩：10%；期末成绩：30%。

后记

Postscript

经过重新整理资料与不断探索研究，本书终于在 2024 年基本完成。本教材能够顺利出版，要特别感谢学院与系部委以我东华大学戏剧影视专业形体教学工作的重任，从重新调整教学大纲开始，给予了我支持与鼓励，为我能够完成此本教材搭建了平台。还要感谢我的学生，戏剧影视表演 2018 级至 2023 级的部分学生，作为本教材的模特与编写小组的成员与我共同度过教材撰写中的日夜。

表演（影视、戏剧）专业的宗旨是致力于培养高艺术水准、高文化素质的表演人才。表演（影视、戏剧）专业为实践型专业，各大院校课程划分基本涉及表演、台词、形体、声乐等课程。形体又是演员培养中不可缺少的一部分，为培养具有扎实的表演基础理论，较强的艺术审美能力，较高的文化艺术修养，能从事影视戏剧、文化娱乐表演，具有扎实的理论知识和表演技巧，创新意识与实践综合发展能力的学生，我经过长期的舞蹈专业学习，在教学实践中不断探索，发觉戏剧影视表演形体教学与专业舞蹈教学的不同之处，最终通过分析各个专家的研究成果，结合我的所学知识，再加上长期的教学实践以及对影视表演专业特性的分析，最终编撰出符合表演专业的人才培养方案与表演行业人才需求整合的教材，以便于培养更加优秀的实践型人才，培养更加专业的演员，使学生拥有更好的发展前景。

本教材从该专业的职业能力培养方案出发，从形体基本功、现代舞与流行舞、舞台形体技能、古代历史礼仪、形体与身韵几个方面，为表演者的形体打好基础，增强协调性，掌握基本技术，提高审美能力，指导表演者能够自然地处理角色的肢体动作，掌握影视（话剧）表演中肢体语言表达的技巧，并能够发挥主观能动性，使学生最终通过学习不仅可以运用肢体动作刻画人物外部形态，更能运用肢体表达出人物性格、人物内在，以达到培养表演者肢体塑造人物与肢体能动性的目的。

本人编撰此书，旨在为形体教学方面做点贡献，由于个人能力的有限，我虽尽我所能，但书中还是难免有疏漏之处，望各位读者批评指正！

另，本书可供从事形体教学方面的专家学者、相关人员阅读、参考、研究，也可作为普通高校戏剧影视表演专业的形体课教材使用。